外卖战略

抢占餐饮的下一个主战场

闫 寒 著

电子工业出版社
Publishing House of Electronics Industry
北京·BEIJING

图书在版编目（CIP）数据

外卖战略：抢占餐饮的下一个主战场 ／ 闫寒著. 一北京：电子工业出版社，2019.10
ISBN 978-7-121-37273-5

Ⅰ.①外… Ⅱ.① 闫… Ⅲ.①饮食业-经营管理
Ⅳ.①F719.3

中国版本图书馆CIP数据核字（2019）第181239号

策划编辑：张振宇
责任编辑：张振宇
文字编辑：舒 琴
印　　刷：保定市中画美凯印刷有限公司
装　　订：保定市中画美凯印刷有限公司
出版发行：电子工业出版社
　　　　　北京市海淀区万寿路173信箱　　邮编：100036
开　　本：700×1000　1/16　印张：14　　字数：260千字
版　　次：2019年10月第1版
印　　次：2020年 3月第5次印刷
定　　价：68.00元

凡所购买电子工业出版社图书有缺损问题，请向购买书店调换。若书店售缺，请与本社发行部联系，联系及邮购电话：（010）88254888，88258888。
质量投诉请发邮件至zlts@phei.com.cn，盗版侵权举报请发邮件至dbqq@phei.com.cn。
本书咨询联系方式：（010）88254210，influence@phei.com.cn，微信号：yingxianglibook。

大咖推荐

闫寒根据自身创业实践经验集结出版的《外卖战略》一书，生动活泼，深入浅出，简单易读。让我这个餐饮老兵对外卖行业重新建立起了正确的战略认知。不仅讲"战略"，作者关于"外卖"的战术造诣也不容小觑。这些都不得不让我重新评估自己企业的"外卖"。

感谢《外卖战略》为餐饮人开启自身企业的"外卖"提供了一种新的思路与方法。

——中国烹饪协会副会长、快餐专业委员会主席、和合谷创始人　赵申

闫寒的《外卖战略》是一本餐饮业经理的必读书。我从事餐饮行业将近40年，这40年基本就是在"跳坑"走弯路。特别渴望有本经营管理的"宝典"可以给我指明方向。

如果你有和我一样的心境，这本书你一定要读。

——大董品牌创始人　董振祥

感谢闫老师对外卖产业的剖析和阐述，作为外卖产业链中的一员，我更深切体会到了《外卖战略》对餐饮连锁企业的指导意义。从目标定位到产品结构，从线上运营到品牌体系，我相信这本书对于迫

切谋求发展的餐饮企业来讲，绝对是不可多得的实用宝典！

——杨国福麻辣烫创始人　杨国福

闫寒看待新事物比我们大多数人看得远，看得深，看得透，所以他更懂外卖产业。如果说战略是教你如何持久赚钱的一门技术，那么闫寒这本《外卖战略》当之无愧。

——曼玲粥店创始人　邓公断

外卖不是该不该做而是如何做好的问题，"叫外卖"是一种新的不可替代的生活方式！知行合一是至关重要的，显然这本书的作者做到了！我想这本书是值得餐饮业朋友研读的！

——犟骨头创始人　王艺伟

今天没有一个餐饮人敢说自己不重视"外卖"，它给门店经营带来挑战，也给整个行业带来巨大机遇。一方面，凭借早期红利，大量商家因此获得可观的流量并大幅提高了门店营收效率。另一方面，"外卖"使得餐饮业出现了"马太效应"，外卖与便利店一起快速淘汰了众多体验不好的餐厅。闫寒深耕外卖行业多年，也是勺子课堂外卖课程的金牌讲师，几乎完整经历了线上外卖市场从开始的火爆到冷静理性的市场周期，本书是对他多年外卖经验的充分总结，值得每个餐饮人阅读。

——勺子课堂创始人　宋宣

将外卖定位成当下餐饮品牌战略层面的问题，这是我所看到的最有高度的一种表达方式！外卖是餐饮流量红利时代的核心产物，

外卖让餐饮企业开始尝试数字化运营并逐步迈入数字化红利时代，闫校长的这本书将引领大家一起迎接数字化红利时代的爆发！

——辰智大数据创始人　葛建辉

这本书对外卖行业进行了更专业、更系统的逻辑化梳理。相信闫总多年来的外卖实战经验，以这本书为桥梁，可以帮大家把外卖生意做好。

——餐创天下创始人　辛玉彬

闫校长是对"马来一号"及"外卖邦"团队行业认知提升贡献最为巨大的好老师、好朋友，闫校长2016年起在优粮大学分享的战略思维在马来一号发展关键节点起到至关重要的作用。让我们当时混乱的各项目组迅速梳理清晰并发展形成今天以新餐饮、新零售、O2O产业信息化于一体的新型外卖企业。企业发展需要战略与战术构成整套体系，外卖在未来的竞争是体系与体系的竞争，《外卖战略》是构建体系战略之路的一座灯塔。

——马来一号创始人　吴桂宏

餐饮行业里，闫寒是最有资格谈外卖战略的人之一。他有实践——在至味优粮完整地经历了餐饮外卖的各个环节，经历过行业的竞争洗礼；有理论——在优粮大学社群持续地为同行输出知识，形成了自己的观点和方法论。在粗放的餐饮行业，想要快速熟悉外卖思维、掌握外卖战略，读一读闫寒这本书肯定是正确的选择。

——二十五块半创始人　朱天成

序

中国美食博大精深，但中国现代餐饮业还很年轻。可以说改革开放以来，餐饮行业才真正形成。现在，中国餐饮行业进入了充分竞争的时代，迎来了现代餐饮的概念。从粗放经营开始进入一个高度竞争、寻求效率、追求体验乃至餐饮互联的时代。

对这个时代，很多餐饮人有一个形象的比喻：餐饮行业门槛低，但过了这道坎是堵墙，大部分餐饮企业死在爬墙的路上。餐饮再也不是有钱就能做、想做什么就能做成的行业。

时至今日，我们看到了餐饮行业最重要的两个趋势，即前端极致服务化、后端极致效率化。

一方面，随着消费升级大势更快地蔓延，人们收入水平提高，需要更优服务、更有温度、更好体验，同时，大量体验不好的餐厅逐渐被外卖、便利店所替代，大量快餐门店被迫转型为"轻食简餐"或"体验餐饮"，更优的服务是做门店的必选。

另一方面，随着餐饮经营成本的逐渐上升，房租、人工成本高涨，使得餐饮经营者越发希望节约后厨空间，减少"成本中心"花销，这使得门店生产越发效率化，更高效的生产设备、更高效的供应链服务，使得厨师人数在一线门店中正在大幅减少。做餐饮对于运营端的要求越来越高。

外卖在这其中起到了推动行业进步的重大作用，一方面，它促使大量体验不好的门店开始转型；另一方面，外卖也给只做半径3千米范围内生意的餐饮门店带来了新机会。我们之所以需要一个外卖战略，大概原因有如下几点。

首先，外卖战略是门店经营者的必修课、必选项，市场正在要求经营者必须会、不得不会这个战略。我们可以看到，随着餐饮门店经营者本身外卖水平的提高，外卖代运营正在被外卖经营者所放弃，外卖能力成为基本功，这是不可阻挡的趋势。

其次，外卖行业发展时至今日仍非常蓬勃，而其中最大的商机来自下沉红利，更多三线、四线城市的外卖市场仍有巨大的待挖掘空间。同时，一线城市正在大量出现更多新兴外卖模型、外卖品类，这个巨大的市场远远超出我们的想象，更多"懒人"正在给市场带来更多红利。

而对于餐饮企业而言，随着连锁化越来越普遍，更多餐饮企业更加关注同店同比的增长，在有限的空间创造更大的利润，外卖将是不可或缺的手段。

闫寒是勺子课堂的明星讲师，其已累计为4万余位餐饮人提供了有关外卖的系统思考，相信本书会给更多餐饮人带来更多思考。

勺子课堂创始人　宋宣

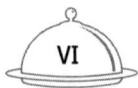

自　序

帮助餐饮从业者以及对餐饮行业有兴趣的读者了解外卖这个不同以往的新事物，形成总体认知，辅助他们在经营中做出正确决策，是本书的宗旨。

对于新事物、新行业，马云曾说，很多人输就输在，对于新兴事物，第一看不见，第二看不起，第三看不懂，第四来不及。

这虽然是一句老话，但是从外卖行业这短短几年的发展历史来看，话中所指的四个阶段无不一一被应验：

看不见。2014 年，彼时"饿了么"平台已经在外卖行业深耕了6 年，但在大众点评给它投资 8000 万美元的新闻曝出之前，餐饮界无人知晓这个平台。在大家眼中，外卖也无非是餐厅随手做的"不入流"的生意而已。

看不起。2015 年，外卖市场资本满溢，补贴横行，只要和平台合作，进入这个行业，就可以赚到钱。然而，大部分商家认为纯外卖是黑作坊做的事情，即使平台拿着大额补贴上门示好，依然被拒之千里。

看不懂。2016 年，整个行业形势大反转。在 2015 年一些暴富神话的加持之下，过量的商家涌入。与此同时，用户规模虽然已经

很大，但是由于整个外卖行业中的品质商家凤毛麟角，所以绝大多数用户并不为外卖品质和外卖品牌买单。因此所有外卖商家不分档次地陷入价格战中。一众在2014~2015年获得明星投资人投资的项目也有近半数宣告失败。

来不及。从2017年至今，波涛汹涌的外卖行业才首次显现出"稳定"的状态。大量的外卖品牌，包括曾经传统的堂食品牌终于明确了把外卖作为"战略级"业务的地位，开始专业化运营，相应地也取得了可观的营业额。整个市场的扩张也趋于稳定增长，外卖正在小步快跑地进入二三线城市市场。但是这个时候，仍然有大量的品牌和商家被淘汰出外卖赛道。原因很简单，此时的外卖行业已经是专业化团队及品牌的天下，市场已经不再会给新入场者从头学习和适应环境的机会。

毫无疑问，外卖现如今已成为社会最主流的消费品之一，只要你身在餐饮行业之内或者打算进入餐饮行业，就不能忽视外卖。但是无论什么行业，最危险的状况无非是在一无所知的情况下踏入一个全新的领域。因为你需要从零开始经历"看不见、看不起、看不懂、来不及"这四个阶段，除非学费充足，否则很有可能在第一个阶段就认输离场。

本书希望餐饮行业的同仁依循正确的思维方式迅速达成"看见外卖局势、重视外卖业务、看懂外卖玩法、跟上外卖竞争"的成就。也许你只花了几十元钱以及一周时间用来读书，但我相信你由此省掉的学费可能千万倍于此。

祝愿天下餐饮人在外卖新时代乘风破浪！

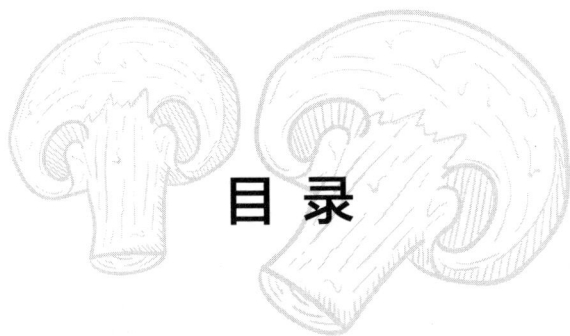

目 录

第一章　终局思维看外卖 001

　一、餐饮行业发展趋势和外卖发展趋势分析 003

　二、外卖爆发式增长的原因 005

　三、为什么是外卖侵占堂食而不是相反？ 007

　四、终局思维看外卖 008

第二章　事业目标与实现路径 019

　一、"创业赌桌"论 021

　二、为何选择外卖做起点？ 023

第三章　万事始于"定位" 027

　一、用"维度金字塔"进行人群定位 030

　二、产品定位的"万能公式" 035

　三、用"场景思维"定位店址 040

　四、验证定位 045

第四章　体系构建之一：产品体系 049

　一、产品结构设计 051

　二、谁来主导研发？ 061

1

三、"一年磨十剑"策略 068

四、一个核心，三步达标——外卖菜单设计思路........ 074

第五章　体系构建之二：品牌体系 079

一、"品牌溢价"概念解析 081

二、"实感体验"与"虚拟品牌感" 089

三、VI（品牌视觉识别系统）设计方法论............ 096

四、品牌人格的打造 104

五、外卖包装的选择与设计 108

第六章　体系构建之三：线下运营体系 131

一、线下厨房动线设计 133

二、单店标准化要素 143

三、软硬件系统的构建思路 154

四、线下推广的"三个率" 161

第七章　体系构建之四：线上运营体系 165

一、与传统餐厅截然不同的 logo 设计要素 167

二、菜单排列的思路 175

三、产品搭配思路 182

四、如何获取理想排名 188

五、线上转化的"三个率" 197

第八章　终　章 205

一、知识回顾 207

二、关于道、法、术、器、用的思考 208

三、对行业的期待以及对你的期待 209

第一章

终局思维看外卖

"外卖"从 2014 年之前的一个堂食附属小业务发展到了现如今占据了将近整个餐饮行业 10% 的份额,它的发展速度非常惊人,然而我们在决定进入外卖行业之前,先要弄清楚它如此火爆的原因,才能够更好地制定发展路线,以及学习在行业中的生存手段。

一、餐饮行业发展趋势和外卖发展趋势分析

　　首先,我们来看两张表,第一张是 2010-2017 年全国餐饮行业收入表。我们能看到在 2010 年的时候,整个餐饮行业的体量是 17000 亿元,然而到 2017 年的时候,它的体量已增长到了将近 40000 亿元。外卖是一个体量非常巨大的行业,原因很简单,因为全中国 14 亿人都需要吃饭。但是我们再看这条折线图就会发现,行业

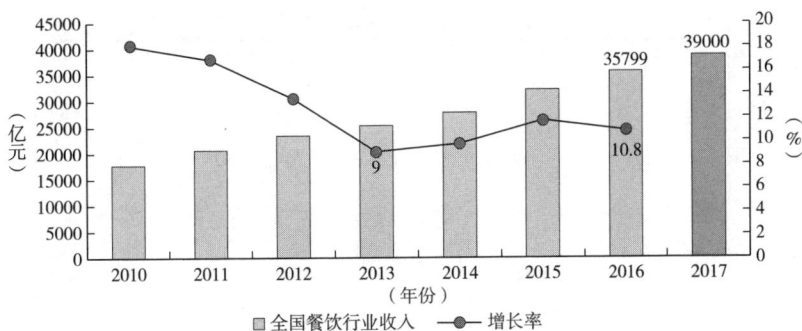

2010-2017 年全国餐饮行业收入

体量虽然很大，但是它的增长趋势却是逐年放缓的。餐饮行业的增长率从 2010 年的 20% 左右，一路下滑到 2013 年的 9%，之后的几年一直保持 10% 左右的增长率，这说明什么问题呢？说明这个行业增长乏力。我们扣除 GDP 增长率，再扣除通货膨胀率后，就会发现餐饮行业其实没有什么增长。你 2010 年在北京街边吃一碗面可能只需要 8 元钱，现在吃一碗面没有 15 元钱下不来，你会发现所谓的增长，都只是价格的增长而已。

我们再来看看第二张图，图中展现的是 2010—2018 年中国餐饮 O2O 市场的规模及渗透率，其中包括外卖行业的趋势数据，我们会看到，2010 年外卖的体量不到百亿，这是什么概念？对于一个有 14 亿人口的国家来说，一个百亿级别的行业平均下来每人每年的消费额不到 10 元钱，这简直可以忽略不计。一个规模稍大的商场一年的营业额都比这个高。但是我们看折线图的增长趋势，就会发现外卖行业的增长率非常惊人，甚至有几年都超过了 100%，而且这种增长趋势一直没有放缓的迹象。到 2019 年，我们相信外卖的体量可以突破 3000 亿元，逼近餐饮行业总体量的 10%。这说明什么呢？

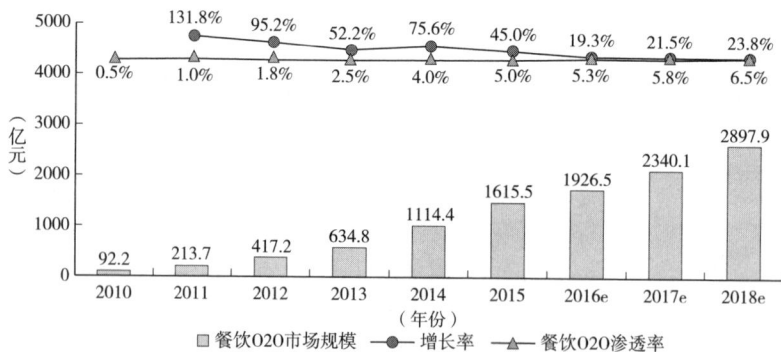

2010-2018 年中国餐饮 O2O 市场规模及渗透率

选择行业和选择股票的逻辑差不多，我们都要在它价格尚低且处于高速增长时入手，所以，毫无疑问，图中数据说明外卖是一个非常值得进入的行业。

最恐怖的是第二条折线，这条折线代表的是外卖行业的渗透率。什么叫渗透率？就是它每年吞噬了整个餐饮行业的多少营收。我们会发现，它在几年时间里从0.5%涨到了现在的将近10%。也就是说，2010年每产生100元钱的餐饮消费，只有5毛钱是外卖产生的，但2017年每产生100元钱的餐饮消费，就有将近10元钱是外卖产生的了。这说明，外卖是"狼"，堂食是"羊"，外卖在不断侵占堂食市场，而堂食却无能为力。

从这幅图中我们看到了一个非常乐观的外卖行业发展前景，但是从图中还不能看出外卖爆发式增长的原因，以及为什么是外卖侵占堂食份额而不是相反。现有的数据只能代表过去和现在，我们弄清楚了原因，才有可能对这个行业的未来有所把握，才不会错失良机。

二、外卖爆发式增长的原因

为什么堂食增长疲软，外卖却持续地爆发式增长？这显然不是因为外卖的东西比堂食好吃。经过长期的研究，我找出了一个最大的原因：堂食和外卖的依赖元素不同。

餐饮行业已经有几千年的历史了，从人类学会用火烤肉之后，餐饮行业就已经诞生了，发展到现在，已经形成了丰富灿烂的饮食文化。尤其是在我们中国，各大菜系、各种食材、各种烹调手段能让外国人看花眼。例如《红楼梦》第四十一回描述道：

> 凤姐儿笑道："这也不难。你把才下来的茄子把皮去了，只要净肉，切成碎丁子，用鸡油炸了，再用鸡脯子肉并香菌，新笋，蘑菇，五香腐干，各色干果子，俱切成丁子，用鸡汤煨干，将香油一收，外加糟油一拌，盛在瓷罐子里封严，要吃时拿出来，用炒的鸡爪子一拌就是。"

餐饮行业的发展依赖一个重要元素：饮食文化。

而外卖行业就不同了，外卖行业不光要做饭给你吃，还需要能够在"你在家，我在餐厅"的时候顺利沟通订单和服务需求。这就需要依靠通信技术。从前通信技术不发达，没有移动互联网，没有移动支付，定外卖有时还不如出门吃饭来得方便，因此外卖行业体量的增长一直不是很大。直到 2014 年，在移动支付被互联网巨头和打车软件普及之后，外卖的两个元素饮食文化和通信技术都被满足了。你能想象一个一直被压得死死的弹簧突然被松开是什么感觉吗？对，中国 14 亿人被压抑了上千年的外卖需求就是这个弹簧，它被松开之后必然会释放出巨大的能量。并且，14 亿

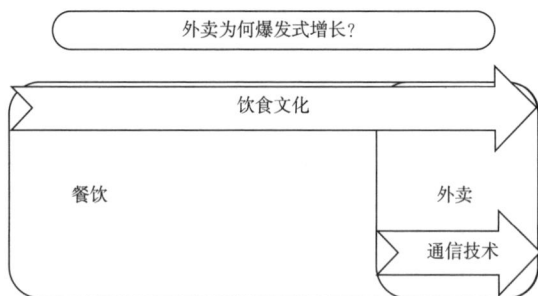

外卖为何爆发式增长？

饮食文化

餐饮 · 外卖 · 通信技术

人口的需求怎么可能在短短几年的时间就得到满足呢？所以只有 3 年爆发式增长的外卖，在不久的将来还会继续保持高增长的势头。

三、为什么是外卖侵占堂食而不是相反？

研究完外卖爆发的原因之后，我们再来研究一下为什么是外卖侵占堂食而不是堂食反过来侵占外卖。我的结论是：外卖是一个顺应人性的产物，而所有顺应人性的商业模式都会发展得很好，比如滴滴出行将人们的打车模式从"人等车"变成"车等人"，因此绝大多数人的选择一定是放弃招手打车而转向软件叫车。

外卖也一样，它首先满足了人的天性。人性本质上就是不愿意去做多余的事情。什么叫多余的事情呢？假设今天是休息日，你可以在家躺一天不出门，但是你中午饿了要吃饭，于是你穿上衣服，洗漱，下楼，走路或开车到饭馆，点菜，吃饭，再回家，上楼，脱衣服，回到床上躺着。这一系列的动作，除了吃饭这个步骤之外，其他的都属于多"余"的事情。然而外卖来了，这些"多余"的事情统统都不用做了。这是很少有人能够抗拒的诱惑。满足了"懒惰"的天性，外卖就成功一大半了。

其次，随着人们的收入和生活质量的提高，时间对于每一个人来说也是越来越宝贵。于是就有了大量"花钱换时间"的商业模式，比如机场的收费快速安检，家政服务，乃至出租车服务都是如此。我记得 10 年前我和父母每天开车上下班都会为了省 5 元钱的高速费而多花 15 分钟走辅路，但现在我不会再干这种事了。外卖也一样是能为你节省时间的行业，如果你选择出门吃饭，那么除了你吃饭的一二十分钟之外，你至少还要花费半小时的"配套时间"用于上下楼、走路、等餐等，如果恰好你手头有重要的工作要完成，哪怕是你在玩游戏，出门吃饭所浪费的时间对你来说也是没必要的。点外卖的好处就是你除了吃饭的 10 分钟之外，不会浪费一分钟在与吃饭相关的"配套时间"上。所以点外卖的人真不是图便宜，选择外卖更大的好处是它可以换来更多的可支配时间。

还有一些辅助因素，例如，家里的房子越来越舒适也促成了外卖体量的增长。我记得 20 世纪 90 年代的时候，北京五六十平方米的三室一厅比比皆是，那时候的建筑很少会去讲究美观、舒适，很多客厅是完全没有采光设计的。因为那个时候物质匮乏，盖楼只考虑多住几口人，没有余地考虑其他因素。

现在就不同了，现在动辄就有 120 平方米的两室一厅，甚至有 100 平方米的大开间，人们的居住空间越来越舒适了。至少我敢肯定，我家的客厅比大多数的餐厅要舒适，那么人们为什么不选择在更舒服的环境下用餐呢？所以越来越多的人选择叫外卖也有这一方面的原因。

前面举的这些例子就是要告诉大家，外卖侵占堂食份额绝对不是偶然现象，而是一个长久的必然趋势，我们有理由相信，在将来，外卖至少会占据整个餐饮行业的半壁江山。

四、终局思维看外卖

在我们了解了外卖增长的逻辑与边界之后，我们继续从宏观的角度来分析外卖行业。当我们分析和判断一个行业的时候，我们该考虑什么？我认为，看这个行业的现状、细节、局势确实很重要，但是更重要的是我们要以终局思维去看它的未来。

（一）什么是终局思维？

终局思维简单来说就是一眼能看到结果，再以结果来反推行动。举个例子，小时候我在奶奶家还能看到那种手动泵水的水井，如果当时有一个做水井的公司，终极目标就是做全世界最好用、最好看、出水最快的水井，那么这个公司现在肯定已经不存在了，因为人们不是为了用水井而用水井，而是为了用水而用水井，居民用水的终局就是家家户户通自来水，没有人再会用水井来取水，如果没有看到这一点，水井就算做得再成功也会被淘汰。

我再举个电报机的例子来说明。90 后的孩子已经很少有人见过电报机了，电报机其实是挺有机械美感的东西。但是如果在电报机盛行时代，有一个公司致力于打造按键最舒适、外观最美、发报效率最高的电报机，这个公司也活不过 20 世纪 90 年代。因为人们想

要的不是电报机，而是随时随地传送信息（摩托罗拉寻呼机的广告语现在看看真的很有终局思维，所以他们没有在 BP 机上死磕，并且很快就成为手机时代的引领者）。

所以，对于外卖，我们如果只知道它现在很火爆、大家都在做、竞争很激烈、遍地价格战，是远远不够的。我们需要以终局思维看到外卖行业足够远的未来，才能制定出正确的方向，走最短的路线，犯最少的错误，付出最小的代价，以达成我们创业的目标。

（二）外卖的终局是什么？

说到外卖的终局，我先说结论：我看到的外卖终局至少包含这几点：

1. 全自动化无人生产模式必然取代现如今的外卖店的这种人工密集劳动模式

有人说目前堂食店比外卖店财大气粗，有这种黑科技必然是堂食店先用上，怎么就成了外卖的终局了？

我要说的是，这些黑科技，堂食店其实是太想用而用不上。为什么呢？因为堂食的场景只有一半可以数据化，而另一半没法数据化。后厨的所有生产流程，理论上借助电脑，扫码枪，传感器之类的工具可以实现数据化。但前厅呢？毕竟还是属于需要提供服务的场所，需要人对人的服务流程，只要涉及人对人的流程，就是没法数据化的。你总不能想象客人在点餐的时候服务员把交谈内容都录下来传到系统上去吧？所以堂食店无论投入多少资源，都没法实现百分之百的自动化。

外卖店就不一样了，外卖店没有前厅，没有人对人的服务环节，甚至连客户都看不到，只能看到一条条"姓名""菜品""电话""地址"等订单数据。订单是整个外卖业务的入口环节，一旦入口环节是数据化的，那么接下来的每一个业务环节都可以数据化。数据化了之后就可以用程序代替人工来进行操作，程序代替人工就是自动化的本质。这样看来，外卖店往全盘自动化方向去发展是没有任何阻碍的。

目前在中国做餐饮面临的一个大的问题就是人工成本和房租成本越来越高，但是利润却越来越低。所以未来当人工成本高到一定程度时，机器替代人工一定是大势所趋。到那个时候，很可能现在的一个面积为 50 平方米、有 7 个员工的店会被只有 20 平方米、只有一个店长甚至店长都在远程监控的"机器店"所替代。由于机器除采购成本外基本无其他成本，而且机器的工作效率很高，还可以 24 小时不间断地工作，"机器店"的优势会比人工店高很多。优粮生活的门店就在向这方面逐步改造的过程中，这对于提升效率、缩减成本的效果非常明显，后文会对此进行详细分析。

2. 大数据将会充分应用在外卖行业中

接下来我们来分析大数据。和接地气的餐饮行业相比，大数据是个看起来很高大上的行业。以前的餐饮行业因为一些天然缺陷没办法充分利用大数据，所以很多餐饮人对这方面了解得很少，但实际上大数据离外卖行业非常近。

为什么只有外卖才能充分利用大数据呢？我们可以想象一下，如果你做的是堂食，那么你能掌握的数据是什么？几个人来过、卖了几份菜、收了多少钱，也就这些数据了。你不可能知道顾客是谁，他是第几次来，他爱吃什么、在哪儿上班、住在哪儿，哪怕是常客你都不一定有机会知道这些。

堂食的数据

239单 11500元
宫保鸡丁X35
鱼香肉丝X29
地三鲜X17
...

然而，如果你做的是外卖，就会发现，你很可能连顾客的脸都没见过，但是你清楚地知道顾客的姓名、电话、住址、公司地址、点餐次数、口味偏好及其消费能力等。如果数据足够丰富细致的话，甚至连女性客户的生理周期我们都可以知道。归其原因，外卖在数据维度上的丰富程度是堂食所不能比的，所以也就具备了利用大数据来辅助我们掌控各个环节的能力。

我们曾经做过一次营销活动，我们把所有客户按照其当月点餐次数分为点餐 3 次以上和 3 次以下两批人。订餐 3 次以下的顾客就是新顾客，新顾客我们不好直接打电话打扰，我们就用给其发放优

外卖的数据

张二狗 第4次订餐 平均消费38元 工作在国贸三期XXXX 居住在通州XXXX 爱吃鸡煲

李丫蛋 新用户 电话XXXX 地址 XXXX 客单价54元
...

013

惠券，以"小利"吸引他们来复购。对于订餐 3 次以上的老顾客，他们对我们已经很熟悉了，我们就直接打电话回访。一般来说，顾客接到回访电话会有一种被重视的感觉，会很开心，进而我们会引导客户添加我们客服的微信号"订餐小助手"，小助手可以解决订餐相关问题。接下来，我们按照客户所在的区域邀请顾客加入我们的VIP 顾客微信群，平时在群里发红包，搞抽奖免单活动，进一步提升复购率。最终这个营销活动取得了非常好的效果。

不光是对客户营销，大数据对于招募人才也是非常好用的。我们公司在当年资金还不宽裕的时候，为了找一个兼职设计师费了很多脑筋，但是效果却很不好。因为初次见面的设计师对我们的产品非常不熟悉，设计出来的作品不符合我们的风格。于是我们把顾客数据按照订单次数从高到低进行排列，专门找地址是广告类公司、设计类公司的顾客，最终找到一个订餐超过 200 次的某个广告公司的设计总监，邀请他给我们做点儿私活儿。由于他对我们的品牌和产品已经非常熟悉了，所以他第一次设计出的作品就非常符合我们的要求。后来，我们在融资之后把他正式挖过来做设计总监了，他现在是我们公司的中坚力量。

所以你看，大数据的应用没有那么复杂，而且它的价值巨大，最关键的是，与堂食店相比，只有外卖店才会有这么丰富的数据，堂食店就算是海底捞也做不到这样。

3. 外卖连锁的规模将会比堂食店大很多

我们再讨论一下为什么外卖连锁的规模将会比堂食店大很多。全球公认堂食连锁做得最好的应该是肯德基、麦当劳、星巴克这种国际巨头。实际上，在全球拥有两三万家分店几乎已经是一个堂食连锁品牌的极限了。为什么这么说？因为堂食店存在着大量的线下环节也就是人对人的服务，所以连锁监管必然会耗费大量的资源。比如店内氛围、服务态度、顾客评价这些感性层面的经营指标，只能靠人力监管的方式处理。因此100家堂食店可能需要10个督导，1000家堂食店就可能需要200个督导。而连锁经营范围的扩大会产生大量差旅费用，并且督导部门人多了其自身也会产生组织架构——督导经理、督导总监、主管督导的副总裁等。所以，堂食连锁店如果一直扩张，一定会有这么一个时刻：连锁管控的成本会消耗所有利润，从而使得整个公司开始亏损。

外卖店在这方面就避免了这个问题。因为外卖店不需要跟顾客进行线下接触，所以外卖连锁监管集中在运营、出单等可以数据化的环节上，以至于外卖店的几乎所有经营指标都可以数字化。数字化就意味着人力监管可以被程序所取代，于是外卖店越多，公司监管的人工成本就会越低。以优粮生活为例，我们在2015年年底有35家店的时候，全公司包括老板和员工，一共只有7个人，这在堂食连锁品牌是难以想象的。现如今我们在全国范围内有了100家店，但整个公司目前也只有30人，其中只有几个人负责连

外卖管控成本比堂食低很多

锁管控。我们计划在发展到 500 家店时，将公司人数控制在 70 人以下。

由此可见，外卖店的连锁监管成本和堂食连锁店相反，是随着规模扩大而下降的。所以外卖连锁品牌未来突破万家店这个数量级达到十万家店甚至百万家店连锁的规模都有可能。

4. 外卖终将占据绝大部分用餐场景

我们再来说说外卖为什么最终会占据绝大部分用餐场景。

我们在上一节已经提到过，外卖的爆发是由于人们压抑了数千年的需求突然被技术满足了。加上外卖对堂食的侵蚀是由于满足了人性的需求所以发展越来越迅猛。在未来，只要不是必须去堂食吃饭，人们一定会选择外卖。从这一点上看，我们只需要坚持站在外卖的赛道上别倒下，自然就会在未来收获大量的红利。

（三）我们需要怎样做才能在终局获胜？

有人会提出疑问：这么多"高大上"的高科技的东西，我一个开饭馆的怎么可能弄明白？其实我们不需要现在就去学编程，研究大数据，只要在做好现有工作的前提下，确保自己不偏离终局的方向就够了。

比如，外卖的终局是自动化，那么我们就会知道，提升效率才是最重要的。与其把精力放在设计花哨的包装、做好玩的营销活动上，不如踏踏实实地去研究怎样调整流程或改进设备，研究怎样才能够让我们少用几个人而多出些餐。只要方向正确，你自然而然就会发现更顺畅的模式、更好用的工具、更合适的合作方。

同样的道理，你不需要现在就去研究大数据，只要你把当前的订单数据整理到 Excel 表格里，仅仅用加减乘除计算就会发现非常有价值的信息。

最终，在别人蒙头乱撞的时候，我们向正确的方向日拱一卒，久而久之，就会拥有非常大的竞争优势，成为外卖赛道的胜出者。

第二章

事业目标与实现路径

通过第一章，我们熟悉了整个外卖行业的现状和未来，现在让我们来谈一谈怎样进入这个行业才能做到风险最低，成功概率最大！

一、"创业赌桌"论

首先跟大家分享一个我的理论——"创业赌桌"论。

你可能觉得餐饮创业很难成功，身边的失败案例比比皆是。但是那些成功的餐饮创业者又很让人艳羡。难道餐饮创业只能是一场未知胜负的赌局吗？只有胜者凯旋，败者离场？

的确，餐饮行业的不确定性很大，哪怕是一个身经百战的老将，如果从零开始做一个新品牌，其失败率也会非常高，但是在这场创业赌局里，还是有能够切实提高胜率的方法的。

在赌桌上，假设我们有 100 元本钱，如果我们直接全押，那么我们很可能一把输光，直接离场。就算我们只参与 30 元、50 元的赌局，通常也支撑不了几轮就会将本钱输光。

如果我们换一种策略会怎样？手握 100 元，从 1 元钱一把的赌局开始，如果输了，下一把投 2 元，如果又输了，再下一把投 4 元，这样的话只要你在 6 局之内能赢上一局，就会收回成本甚至会有盈利。这种策略虽然没办法改变每一局的胜算，但是能够大大增加整体盈利的概率。

本金 =100　赌注 ＝ 1　剩余99
本金 = 99　赌注 ＝ 2　剩余97
本金 = 97　赌注 ＝ 4　剩余93
本金 = 93　赌注 ＝ 8　剩余85
本金 = 85　赌注 ＝ 16　剩余69
本金 = 69　赌注 ＝ 32　剩余37
机会=6次

况且，创业和赌博还是有区别的。赌博每一场胜率都相同，而创业无论成功还是失败，都会让自己的经验越来越丰富，对行业越来越了解，掌控的资源也越来越多。照此来看，创业失败了也不要紧，只要你还能再撑一轮，那么成功概率就会越来越大。这就是创业和赌局不同的地方。所以我们在创业中需要做的就是无论成败，首先要做到输了不下"牌桌"。

我们得出了赢得创业赌局的方法就是用尽量大的本钱，从尽量小的赌局开始。

二、为何选择外卖做起点？

我们有了上一节"创业赌桌论"的结论，即用尽可能大的本钱去参加尽可能小的赌局，那么我们选择外卖作为餐饮创业起点的原因就非常明了了，就三个词：成活率高，成本可控，发展自由。

（一）成活率高

首先，我们先把外卖和堂食做个对比。有人说开餐厅的要点就三个："位置，位置，位置。"这句话说得没错，因为堂食需要从线下得顾客，所以旺铺是人人都要抢的。因此，如果你以传统餐厅为起点的话，作为初创品牌，拿到好的位置是很不容易的。一旦你没有拿到好位置，就只能在不好的位置开店，那么创业失败的概率将会大大增加。但如果是做外卖的话，你则不需要有太多的选址经验和技能。只要在你看好的区域范围内，任何一个可以合法经营的店铺都可以，在哪个位置开外卖店都不会影响胜率。

堂食	外卖
位置选错，满盘皆输	只需在区域范围内，具体位置不影响胜率

其次，传统餐厅的经营环节极其多。装修设计、店内氛围、服务态度、点餐、传菜、收银、卫生、后厨、出餐、研发、营销……如果你是新手，多如牛毛的环节肯定让你一上来就崩溃了。但是外卖只需要做好后厨环节就可以运行起来，不但工作人员比堂食店少了很多，而且需要管理的事务也至少比堂食店少了一半。

堂食	外卖
经营环节多如牛毛	至少比堂食少一半的环节

你可以来简单算一道数学题：假设经营堂食店有 8 个关键环节，而经营外卖店只有 4 个，又假设你有很强的执行力和文化素养，做每一个环节都能达到 80% 的成功率，那么你做堂食的成功概率就是 80% 的 8 次方，大概是 17% 的成功率。但是你做外卖的成功率就是 80% 的 4 次方，也就是大概 41% 的成功率。结果显而易见，不仅少了一半的环节，而且成功率几乎提高 3 倍！

堂食

成功率 = $(0.8)^8$ = 17%

外卖

成功率 = $(0.8)^4$ = 41%

（二）成本可控

根据"创业赌桌论"，我们需要把单次赌注尽可能减小。那么经营一个堂食店和经营一个外卖店的成本差距是多少呢？首先，堂食店需要选择旺铺地段，这种人人争抢的位置一定会贵到离谱。其次，堂食店铺的面积包含前厅面积和后厨面积，会远远大于一个只有厨房的外卖店的面积，这导致两者之间租金的差距拉大。最后，堂食店所需的装修成本、人员成本、管理维护成本都远大于外卖店的成本。这所有的成本加起来之后就造成了现在的局面：在北京来说，没有 100 万元开不起来一个堂食店，但是如果开一个外卖店，总投入 15 万元基本是可以的。

退一步说，即使你真的有 100 万元本钱，我也建议你从 15 万元的投资开始，因为投入 15 万元，如果亏了，你还有 85 万元，可以总结经验教训重新来过。但是如果你一把就押上全部家当，那么很可能一把输光，只能宣告创业失败了。

（三）发展自由

假设你真的是那个幸运儿，第一把全押就开成了一个堂食店，你接下来的发展要么是继续经营这一家店，从此以此为生，但这样就不是创业了，只是做个生意过过小日子而已。如果你事业心很大，那么你只有一条路——复制这一家店，去做连锁。其实堂食店开成第一个，再开第二个、第三个进行连锁化经营的时候，和打造单店就完全不是一个概念了。你可能会遇到更多你开单店的时候没有遇到过的问题，比如品牌建设、产品标准化、供应链、组织建设等。你就会被迫需要下更大的赌本去博更小的胜率。我见过许多单店大获成功，但是被第二家、第三家分店拖垮的情况。简而言之，这是一条风险极大的道路。

但是如果你首次经营外卖店取得了成功呢？首先，你的本钱还比较厚实，接下来的路会没有那么大的压力；其次，你有更多的发展模式可以选择。你可以选择以这个外卖店为基础，发展堂食店。这个时候，由于你的后厨生产、产品研发、市场营销等环节已经安排妥当，你就可以专注于前厅管理、店面布置、服务体系打造等这些堂食店专有的环节，成功率会比第一次直接开一家堂食店要大很多。你还可以选择以这个外卖店为基础，发展外卖连锁品牌。因为你的本钱还有不少，又已经有了一个成功样板，发展连锁店的成功率也大了很多。甚至你还可以在你的店旁边再发展一个不同品类的外卖店，去服务同一批客户……总之，这条路会越走越宽，不至于陷入被动。

总之，我强烈建议餐饮行业初次创业者以外卖为切入点，毕竟"优粮生活"就是以北京国贸地区小小的一家外卖店为起点，现在已顺利发展成了在全国有200余家店铺的连锁品牌。

通过以上分析，我们厘清了餐饮创业的基本策略，接下来的所有章节，我们将聚焦在外卖的单场胜率上。

第三章

万事始于"定位"

通过前文你一定已经整体了解了外卖行业的前景，以及为什么外卖是创业的最佳起点，我们接着来分析外卖创业的定位理论。

创业就是一场战争。在打仗之前，我们首先要拿到作战地图，知道自己在哪儿、对手在哪儿、自己周围有什么、自己和对手之间有什么差距，弄清楚这些问题之后再开始行动，否则我们就会像没头苍蝇一样乱撞，既没效率又有风险。这个"绘制作战地图"的过程，其实就是"定位"的过程。对于外卖来讲，如果定位准确，在创业赌桌上的单局成功率至少会增加50%，所以定位真的非常重要。

一个外卖店的定位，主要分为"人群定位""产品定位""店址定位"三部分，人群定位可以帮助你在芸芸众生中精准找到目标人

定位=绘制作战地图

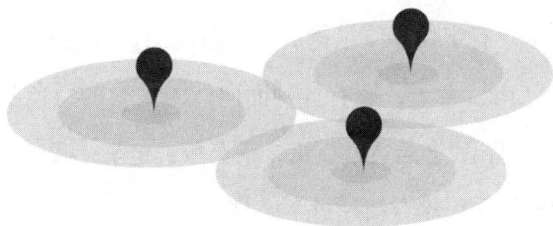

群，使你的产品和品牌有的放矢；产品定位是为了在多如牛毛的餐饮品类中寻找到最有价值的产品组合，实现利润最大化；店址定位可以帮助你寻找到最适合开店的位置。外卖店的选址虽然看上去比堂食店简单，但是它背后的逻辑跟堂食店选址是完全不一样的。而且外卖店的选址成功与否，决定着你品牌未来发展的天花板有多高，这一点非常重要。

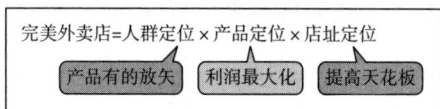

> 完美外卖店=人群定位×产品定位×店址定位
> 产品有的放矢　利润最大化　提高天花板

一、用"维度金字塔"进行人群定位

人群定位就是你要把产品卖给谁。对于人群定位这件事情，有一套"维度金字塔"理论。

（一）不同的人群有着截然不同的需求

首先，有一个毫无疑问的事实，那就是不同的人群有着截然不同的用餐需求。在20世纪90年代，餐饮行业是不需要进行人群定位的，因为那时候几乎所有的饭馆做的其实都是家常菜，有钱人"只买贵的，不买对的"，工薪阶层吃家常菜。但是现如今，随着餐饮行业越来越繁荣，几乎所有餐厅都有了明确的定位：有面向工薪族的日常快餐麦当劳、肯德基，有定位于"填饱肚子"范畴的黄焖鸡米饭，有面向商务宴请的俏江南、大董，还有各种面向休闲聚会的特色品牌。现在，如果一个餐厅打出"上至达官显贵，下至贩夫走卒，我通通都能满足"的口号，我相信它很难存活超过1个月。

价廉	黄焖鸡米饭

工薪	肯德基、麦当劳

商务	俏江南、大董

外卖也是一样的道理。如果你现在打开外卖平台 APP，就会发现你周围的外卖店早已经形成了自己的定位：有价格低廉的黄焖鸡米饭、排骨饭，有主打白领刚需的米饭炒菜、麻辣烫、麻辣香锅，有主打健康小资的主食沙拉、西式套餐等。当然，也有那种号称什么都做或者从名字和图片上看不出来它的定位的店铺，这种商家往往销量惨淡。产生这一现象的原因就是：不同的人群圈层对于餐饮有着截然不同的需求，他们通常希望能有一个专业的商家来"专门"满足自己的需求，而不是一个什么都能做的商家"顺手"满足自己，这个和商家是否真正做得好、是否真正有实力并没有太大关系，纯粹是用户心智层面上的效应。

价廉	黄焖鸡米饭、排骨饭

工薪	米饭炒菜、麻辣香锅

小资	主食沙拉、西式套餐

（二）维度金字塔理论

经过长时间的摸索和实践，我总结出了一套"维度金字塔"理论，如下图所示：

031

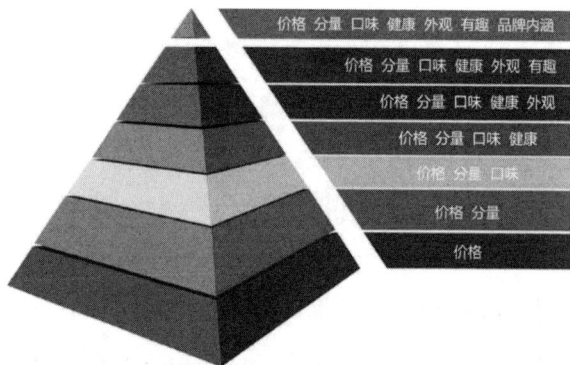

消费维度金字塔的原理非常简单，就是：越往高层人数越少、客单价越高，消费者关注的维度也越多；越往底层人数越多、客单价越低，消费者关注的维度也越少。比如，海量的人群，关注的维度只有一个：价格。如果你一天只有10元钱可以用来吃饭，就算再好吃的大饼，贵5毛钱我也不会买。而处于塔尖的少量人，关注得更多，更挑剔，好吃不贵、量足虽然也好，但是如果品牌不符合我高贵冷艳的气质，则果断放弃！所以现在我们思考一下：在这个金字塔中，将品牌定位在越高层越安全还是越底层越安全呢？

必然是越高层越安全。因为在高层级的用户中做生意，顾客考虑的维度比较多，意味着你可以用十八般武艺来吸引顾客、留住顾客。只要有专业的品牌打造，精准的营销策略以及合理的成本设置，你不但可以站着把钱赚了，还能让顾客心甘情愿地成为你的忠实客户。而越是金字塔底部的生意，越唯价格是从，如果你想面对这群用户"做品质、做内涵"，我就问你敢比别人贵一元钱吗？价格战越走越黑的结果就是各种恶劣的竞争手段让你自己都看不下去，到最后你只想主动退出战场。

那么根据以上结论，每个品牌都要往塔尖钻吗？并不绝对。越往塔尖需要你对顾客所处的圈层越了解，也需要一些特殊的渠道和资源去连接客户，这并不是谁都能做到的。而且塔尖的市场容量也不会很大，只适合当成生意来经营，不适合当成事业来做。

所以做外卖最重要的是找到最适合自己的那个层级并深耕下去。

(三) 定位要点

下面我们就来讲如何找到最适合自己的目标层级。首先，需要选择自己熟悉的群体，甚至最好自己就是或曾经是这个群体中的一员。只有这样，你才能更好地站在用户角度去考虑问题。要知道现在的餐饮行业是纯粹的买方市场，用户的意志决定一切。如果你不了解用户，就一定做不好这门生意。优粮生活为什么定位为一个中高档位的白领套餐？因为三位合伙人都是白领出身，我们对白领日常吃饭的痛点清楚得不能再清楚了。同样你也能看到，一些大众消费的品牌，往往更了解自己以及自己周围人的想法。可不能小瞧这些大众消费品牌，他们的受众数量可比我们大很多倍。

说到受众数量，这也是我们定位人群时的第二点考量：我们需要尽可能地将产品的受众定位为大众群体。既然是创业，那么我们需要这个事业有足够大的发展空间，至少不会轻易撞到天花板。有些人做了小众品牌，发现虽然单店做得风生水起，但是整体规模上不去，很快就会撞到天花板而无法再继续扩张下去。所以我们要做就要做具有普适性的品类，做在大江南北都能生存的品类，做将来可以在全国开花的品类。

举一个例子，当初优粮生活还处于创业期的时候，我们选择经营白领米饭套餐类的外卖，同一时期我有一个朋友在做主打健身人群的健康餐品牌。当时虽然这个健康餐品牌所面临的竞争比优粮生活小很多，并且从用户黏性上看，米饭炒菜类产品的用户黏性也不

如健康餐。但是米饭炒菜这样的品类，可以放到全国任何一个城市的任何一个区域去做，而健康餐呢，只有在一线城市的白领商圈才会有市场。经过 4 年的发展，优粮生活已经成为在全国拥有超过 200 个店的连锁外卖品牌，并且这还只是优粮生活在全国扩张的起步阶段。而这个健康餐的品牌虽说经营得也不错，但是在北上广深每个城市各开了两三家分店之后，就再也找不到适合开店的新位置了，所以这位朋友已经开始寻找其他的事业方向。

如果你想做一个长期的甚至可以传承的事业，一定要做受众为大众群体的产品。当然，如果你受"匠心"文化的影响比较大，祖孙三代传承一家单店也是可以的，这样确实不用考虑人群定位。

最后，我们需要选择竞争对手不容易攻破的圈层。让我们再来复习一下这张图：

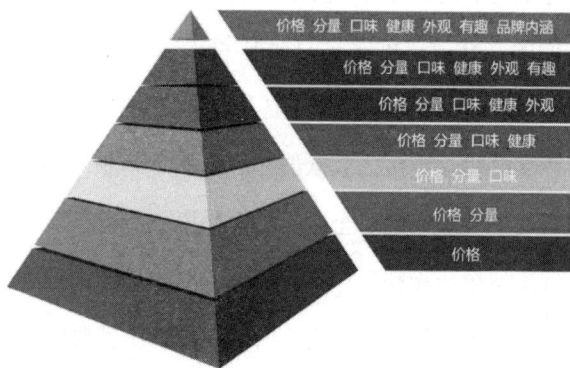

如上图所示，价格战一般会发生在第 6-7 层，处于这一层的商家普遍的特点是：没有品牌，也不考虑健康和体验之类，包装也不讲究，但是产品销量大、价格低。处于这一层级的商家，虽然其用户数量庞大，但是这些用户非常容易被对手攻破：只要有人比你便宜，用

户就会立马被抢走,因为价格是处于这一层级的用户的主要考量因素。

同时,这类商家一般是进不了第3-5层顾客的视线的,因为这些顾客在外卖的口味、健康、品牌形象等方面的需求低层商户是无法满足的。

如此看来,第3-5层顾客的这个圈层就不是那么容易攻破了:因为用户同时考虑着4-5个维度,所以竞争对手仅仅在一个维度上胜出是抢不走用户的。换句话说,真正的白领用户不会仅仅因为价格便宜而放弃对品质的要求,他们就算吃土也会吃有品牌的土。竞争对手无法靠单点突破获胜,他们在4-5个维度上全面胜出几乎更是不可能的事情,如果这样的事情真的发生了,只能说明我们自身做得太失败了,我们甘愿退场。

再高级一些的用户圈层,考虑的维度就会更多,但是那已经属于小众群体玩的生意了,我们不展开叙述。

所以最终,优粮生活选择了自己最熟悉的,人数又足够多的,又不容易轻易被对手攻破的金字塔第3-5层做为用户群,同时保障了市场规模、竞争壁垒。

当然,这一个区间可做的品类还是很多的,除了像我们一样做米饭炒菜之外,还可以考虑麻辣烫、麻辣香锅、日式便当、煲仔饭等品类,这些都是很受白领欢迎的产品。

二、产品定位的"万能公式"

(一)万能公式

我们对人群有了定位之后,相当于已经选择了战场的有利地形,

接下来我们要决定选用什么样的武器，这就是产品定位。对于外卖来说，产品就是我们的基因，我们能把这个品牌养成吉娃娃还是藏獒，其实在它一出生时就已经决定了。一旦产品定位出现了问题，哪怕你的产品体验再好，你往里投资了再多，也只能养出一只长不大的吉娃娃。

基因决定

产品定位

另一方面，产品定位也能够帮助你找到一个价值密度最大的发展空间，让你尽可能地做到小投入大回报。所以本章的核心就是接下来要介绍的产品定位"万能公式"：

$$营业额 = 用户总数 \times 人均订餐频次 \times 人均客单价$$

等式左边好理解，因为几乎所有餐饮创业者追求的都是营业额。等式右边的三个数怎么理解呢？用户总数就是指这家店能覆盖的用户数量，人均订餐频次就是这些用户平均每周或每月定几次餐，人均客单价就是他们平均每次订餐的消费金额是多少。

因此我们要把注意力放在右边这三个因子上，选择在这三个因子上优势最大的品类来做就对了。综上所述，我们发现产品定位就是要在家常菜和特色菜之间做一个选择。

（二）家常菜 & 特色菜比较分析

下面我们来分析一下家常菜和特色菜。我们先抛开外卖这个因素，站在整个餐饮大环境的角度来分析一下各个品类。我们现在能看到的餐饮店品类，大致可分为两类：一类是日常餐饮，也就是所谓的家常菜；另一类是特色餐饮，也就是地方菜系、外国菜，或者创意菜等。我们发现，这两类店铺的选址非常有特点：日常品类通常会在社区或工作区附近，特色菜通常在商业街、购物中心。为什么这两类店铺的选址差异这么大呢？我们把这两类菜品的特点代入万能公式里就可以得出答案了。

首先，我们来看特色菜。通常特色菜的人均消费频次比较低，因为大家虽然喜欢吃特色菜却不习惯经常吃。就好比烤鸭，我非常爱吃烤鸭，但我一年吃个几次也就够了。曾经有段时间北京的一般餐厅烤鸭价格都已经降到 18 元钱半只了，我也没见过有什么人天天去吃烤鸭，因为烤鸭毕竟没有家常的西红柿炒鸡蛋、小炒肉之类的菜吃起来适口。从另一方面来说，这些特色菜虽然人均消费频次低，但是它的客单价相对而言偏高。比如，我们去西贝或者海底捞这类餐馆，人均消费 100~200 元是很正常的，而我们去吃一顿家常菜或面条、饺子之类，即使在一线城市也就 20~30 元的人均消费额。其实上文中的客单价高是基于对消费频次低的补充：你不经常消费东西，你也就不会太在意客单价的高低了。特色餐饮客单价虽然高，但是市场竞争激烈，你不能任意提高价格，所以保证营业额最后的救命稻草只能是提升用户总数。所以特色餐饮通常不惜以很高的店租去拿人流量大的店铺，因为人均消费频次不高对特色餐饮来说是个硬伤，所以就只能转而去追求顾客的绝对数量。

```
┌─────────────────────────────────┐
│           商业区餐饮            │
├─────────────────────────────────┤
│    消费人数 × 消费次数 × 客单价   │
│   ┌──────┐ ┌──────┐ ┌──────┐   │
│   │人流量大│ │次数少│ │高档次│   │
│   └──────┘ └──────┘ └──────┘   │
└─────────────────────────────────┘
```

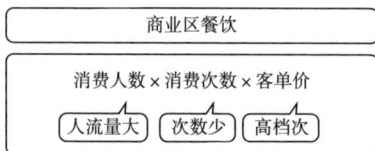

然后，我们再来看看家常菜。家常菜的人均消费频次比特色菜高得多。你回忆一下家门口的小饭馆，如果自己不做菜的话，你可能每天都会去那里吃一顿，甚至有时候一日三餐都会在那里解决。因为家常菜非常适口，人们天天吃这几道菜也不会厌烦。但是就客单价来说，家常菜的价格比特色菜低很多。原因很简单，一是因为市场竞争激烈，二是由于家常菜是顾客天天都会吃的东西，顾客会把单次消费的价格乘以30来计算他一个月的伙食费是多少，在这种情况下你比别人贵3元钱都有可能导致被顾客放弃。所以，人均消费频次很高的家常菜品类完全用不着去追求商业街和购物中心那么大的人流量，原因之一是家常菜餐馆难以承受商业街的高额店租，另外，由于到商业街消费的顾客其本身光顾同一家店的频次就低，所以你的品类频次再高也没有用。因此家常菜可以踏踏实实地在社区经营，服务体量小但固定的人群也不愁没有盈利。

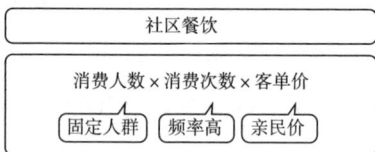

```
┌─────────────────────────────────┐
│           社区餐饮            │
├─────────────────────────────────┤
│    消费人数 × 消费次数 × 客单价   │
│   ┌──────┐ ┌──────┐ ┌──────┐   │
│   │固定人群│ │频率高│ │亲民价│   │
│   └──────┘ └──────┘ └──────┘   │
└─────────────────────────────────┘
```

（三）外卖店产品最佳定位

通过上文的分析，我们可以得出：特色餐饮品类适合在流动人群多的商业街经营，而日常餐饮品类适合在固定人群多的社区经营。

我们来思考一下，点外卖的都是什么样的群体呢？我们会发现他们基本上是固定人群，因为从目前来看，多数情况下人们在工作场合或者在家里才会点外卖。因此，外卖场景完全可以套入家常菜品类的消费场景。

由此，我们可以看出：越日常的品类越适合做外卖。而现在外卖平台上客单量高的店恰恰绝大多数都是经营日常品类的餐馆，这也完美地印证了这一点。

（四）外卖产品价值判断的三要素

在得出了外卖要做日常品类这个结论之后，接下来我们就要选择外卖产品了。有了日常品类的这个大框架，我们现在可以进一步去分析外卖产品需要具备的要素。其中，外卖产品需要具备以下三个最重要的要素：全人群、高频、刚需。

"全人群"这个要素很好理解，因为外卖店周边的工作人群和居住人群的数量基本上是固定的。搬家和换工作都不是很容易的事情，所以固定区域内固定人口的数量波动很小。因此我们就需要尽量覆盖到这部分人群，这样才能将用户总数这个因子提升到极致。

"高频"就不用说了，有的菜品例如饺子，你可能一个月才会想吃一次，有些菜品比如西红柿炒鸡蛋这类，你可能天天吃也不太会吃腻，那么做外卖的话就需要去尽可能地选择连续吃也吃不腻的菜品。

"刚需"的意思是——你不吃不行。北方人爱吃面食，南方人爱吃米饭；广东人爱吃烧腊，北京人爱吃烤鸭……你需要选择对于当地人群而言算得上是"刚需"的品类，才会进一步提升用户总数和消费频次。

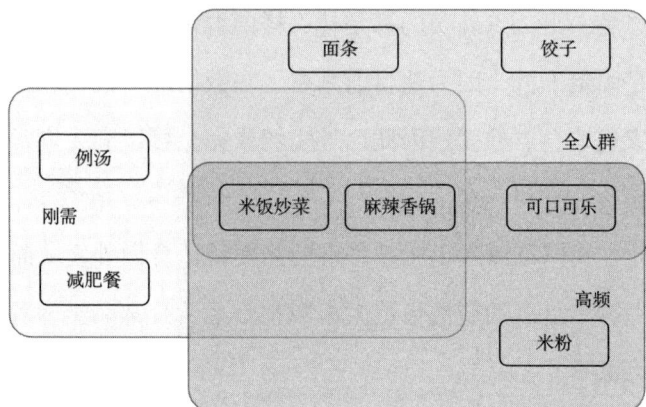

以优粮生活为例，经过几年的研究，我们发现以川湘菜为主的米饭炒菜类外卖是能够满足"全人群""高频""刚需"三要素的最佳品类，于是我们坚持走这个方向，所以品牌迅速做大。

然而，随着外卖在人们日常消费中占据越来越大的比例，大多数白领的订餐习惯也在向多品类的方向发展。因此，我现在看好的外卖品类除了米饭炒菜之外，还有类似麻辣烫、麻辣香锅这种食材多样化、味觉刺激比较重的品类。这些品类目前都发展得不错，前景看好。另外还有一些类似酸菜鱼等可以搭配米饭的特色菜品，这样的品类进入流行周期之后的销量也可以很高，只是它们的流行周期会存续多久是个未知数。

三、用"场景思维"定位店址

在我们用维度金字塔理论定位了用户群体，又用万能公式定位了产品品类之后，最后要做的就是定位店址了。

的确，外卖店的选址比堂食店简单得多，但是如果以堂食店选址标准为框架，简单粗暴地简化外卖选址工作，也是无法达到预期效果的。因为外卖店选址和堂食店选址的区别首先是"不同"，其次才是"简单"。接下来我们将分别通过分析堂食店选址思维，传统的外卖店选址思维、场景思维选址，来确定外卖店选址的最佳策略。

（一）堂食店选址思维

餐饮行业流传着这样一句话：开好一家餐厅，最重要的因素只有三个：位置，位置，位置！堂食店的选址确实是非常复杂的，其对店铺经营成败与否的影响之大甚至能达到一招见成败的地步。究其原因，是堂食店的顾客需要经过非常复杂的多种因素影响，才会促成进店行为。比如，店铺招牌不容易被顾客看见会导致错过，前方路线有同类餐饮店截流会导致错过，离地铁站远了会被错过，附近不好停车会被错过，门口马路有隔离栏会错过一半人流，所处位置被迫搬迁会损失全部人流，好店铺被别人抢先拿下则会丢掉整块区域……类似的影响因素数不胜数。就算非常有经验的选址大咖也不能确保万无一失，所以你会看到麦当劳、肯德基、星巴克这样的连锁餐饮巨头所雇用的动辄拿着几百万年薪的专业选址人员也有可能在进行店铺选址时做出错误的决定，导致店铺有可能维持不了半年。

堂食店选址的难度高是因为店址选好了就动不了了，而顾客和店门之间又隔着太多的未知因素，又不能用一套规范化的标准去应对选址。

（二）传统的外卖选址思维

外卖店的大门和用户的关系就简单多了，因为外卖店的大门开在线上。不管用户能不能看见我们，我们都可以用很多方法主动去找用户。

我们可以去人多的地方发传单，也可以在外卖平台做活动，只要你的目标用户在配送范围内，无论你的店址在哪里都可以完成对用户的服务。

综上所述，我们对外卖店的选址已经从"精确定位"的思路转换成了"选片区"的思维。直到今年还有外卖行业的朋友简单地认为外卖选址应该以潜在客户人数作为唯一标准，哪里人口密度大就开到哪里。所以，像北京国贸、北京中关村、上海陆家嘴这种高密度办公区会是一般外卖品牌拼了老命也要挤进去的区域。

然而现实中存在的问题是，这些区域的店租被越抬越高，营业额看起来虽然挺高，但是利润往往反而不如那些选址偏僻一点的店，这是为什么呢？

著名的投资大师巴菲特给了我们答案：任何事情都应该尽可能简单，但是不能过于简单。

（三）"场景思维"选址

如果单纯以人口密度作为唯一判断依据的话，确实过于片面了。国贸和中关村的外卖店面临的问题是什么呢？这些地方都是纯办公区，几乎只有写字楼。虽然白天看起来人流量巨大，但到了下班以后以及周末人流量会急剧下降。所以开在这里的外卖店，在工作日就只剩下半天生意可做，而周末整个区域没有人，导致每周又莫名损失了两天营业时间。这样算下来开在这些地方的外卖店的实际价值可能大约只有估算价值的 36%。然而更可怕的是，因为白天客流量巨大，你就需要有一个人数众多、配置全面的团队去应对订单爆发期。而这些员工是按月发工资的，所以在生意闲时这些员工就变成了人工成本，所以在这些地方开外卖店，想盈利可没有那么容易。

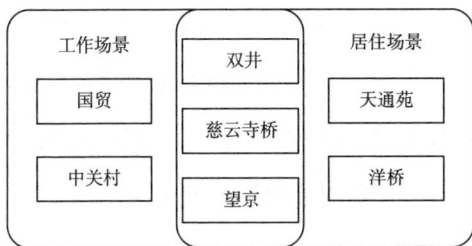

传统的外卖店选址思维的问题在于——潜在客户人口密度不能直接等于价值，而"人 × 场景"才可以代表价值。比如说，你住在通州，在上班国贸，那么"你 × 工作"就是国贸商家可获取的价值，而"你 × 家"就是通州商家可获取的价值，同一个价值不能被重复获取两遍，所以无论你是在通州还是在国贸，都只能算作"半个人"。而你周末可能既不在通州也不在国贸，可能你会去朝阳大悦城逛街，那么朝阳大悦城的商家就获取了你 1/7 的价值。这就是外卖场景思维的核心要素所在，你要计算出你的店铺的服务范围内的"人 × 场景"的价值到底是多少，才可以判断出你在此选址到底合不合适。

（四）最佳外卖位置长啥样

北京国贸附近有一个地方叫慈云寺桥，我们的优粮生活慈云寺桥店的营业额看起来和国贸店的不相伯仲，但是其利润要比国贸店高很多。这是什么原因呢？因为国贸店是典型的纯工作区，基于上文所说的种种因素的限制，价值获取有限。我们来看看慈云寺桥的周围：首先，写字楼占一半，这样"人 × 工作"价值就没有问题，工作日白天的客户流量就有了保障；其次，该范围内的住宅区，也差不多占了一半，这样"人 × 住宅"价值也没问题了，工作日晚上和周末全天的流量也都有了保障。此时，慈云寺桥分店已经优于国贸分店了，因为在各时间段的客流量更加均衡的情况下，你可以充分利用小团队去实现大价值。另外，我们还看到，慈云寺桥附近的医院和学校也比国贸附近多很多，这样又能够带来稳定的用餐团体。所以慈云寺桥是一个外卖选址的绝佳地点。

最佳地址	
写字楼	住宅区
医院	学校

北京类似的外卖选址地点还有双井、五道口、酒仙桥、望京等，至少优粮生活在这几个区域开的店的盈利状况都非常好。

我给大家总结一下外卖店最佳选址的口诀：

办公楼是金，

住宅区是银，

医院是铜，

学校是铁，

单一构成要警惕，

金银合金胜算高，

四种都占，

无坚不摧。

为什么有金银铜铁之分？我们可以根据常识思考一下，办公楼的100平方米内一般会容纳二三十人，如果拥有这样的人口密度的建筑物正好在你的外卖店的配送区域里，那么在你的送餐员1千米的行走范围内就可能有几十万个潜在客户，这简直就是大金矿。住宅区相比较而言就差点儿，以现在的户型来说，100平方米的使用空间可能只有一家两口或者三口人住，价值密度与办公楼相比相差很远。但是住宅区胜在人员稳定，一旦你的外卖品牌拥有了知名度，营销成本就很低了，所以住宅区是银矿。医院无论从潜在客户的人口规模还是稳定性上都不如办公区和住宅区，但是医护人员和病人都是绝对的外卖刚需群体，他们会为你产生非常稳定的订单甚至团体订餐，尤其团餐，这是个加分项。高校群体对于低端外卖品牌来说是很重要的，因为高校的人口密度比写字楼还要大，配送成本很低。但是，学生群体对于价格敏感度很高。我不建议大家从低端外卖开始做，原因在前文的维度金字塔理论中已经表述得比较清楚了——低层客户只看价格。虽然高校学生普遍属于低层用户，但是对于一些对生活品质有要求且有消费实力的学生以及教职人员而言，高校也是品牌外卖很不错的全天候订单补充来源，所以配送范围内有高校也算是个加分项。

四、验证定位

当你对前文所讲的三种定位有了自己的考量之后，不要着急开干，先要验证定位。

（一）验证人群

验证人群定位需要把关注点放在"客单价"上面。你的目标人群在维度金字塔中所处的位置越高，他们就越愿意为一餐外卖付出更高的价格。需要注意的一点是，我们不能以外卖平台上店铺旁边显示的"人均价格"来做参考。目前，据我观察而言，这个数字受很多因素的影响，一般不能反映真实的人均消费情况。

在形象上要符合你的目标受众人群，例如，如果是低价刚需品牌，那么通常其logo和菜品图片会比较粗糙随意，满减的额度会非常大。

如果是白领品质外卖，那么通常其logo的设计风格和白领的日常消费品的品牌风格很相似，菜品图片风格统一且经过专业拍摄。

如果是轻奢小资品牌，那么一定会有一个小清新的logo和品牌名称，菜品图片和文案也会是文艺风。

所以你需要验证的有两点：1.人群量级。只要这片区域能够出现 3 家以上月订单量超过 3000 单的同类品牌（三线以下城市达到 1500 单就可以），就可以确定该地区的人群数量是足够大的，可以考虑开店。2.消费等级。你需要点击进入这些店铺，计算你可以点出的能够同时满足起送价和配送价组合的最低价格，这个价格如果"体面"（不同地区对"体面"价格的定义不同，比如北京就得是 20 元以上），说明它不是披着品质"外皮"的低端品牌。

"体面"的价格组合   "不体面"的价格组合

验证过这两点，说明这个区域有开发价值。

（二）验证产品

如同验证人群定位一样，验证产品也仅仅需要一部手机就可以进行。当你对产品进行定位之后，去看两个数字：一个是同类品牌的销量，另一个是你品牌中的单品在其他品牌中的销量。若以上两项都得以印证，则证明你的产品的"全人群、高频、刚需"属性没有问题。

（三）验证位置

验证位置，也就是验证一个地区是否适合经营外卖店。有些地方同样是高楼大厦林立，却是以大型单位和国企为主，那么这个地区的人员通常都有自己的单位食堂，他们对于外卖的需求量会大大降低，北京的总部基地就是一个例子。

所以要验证自己选择的位置是否真的适合开外卖店很简单，把外卖平台上按销量排序的前 10 名的销量加起来（一定要在中午时间打开，否则推荐的商家不对），如果达到一个可观的数字（比如 5 万单以上），就说明这个地区有非常大的外卖经营价值。

（四）实地考察

只在手机上看数据也不能保证万无一失，建议大家还是去实地考察一下您所选区域的外卖商家的生存状况。一般来说，每一个地区的外卖商户都呈扎堆状态，通常集中在美食城或者比较偏僻的餐饮街中。总之，只要店租便宜的地方就会有外卖店的踪影。你到选址现场观察一天，自然就会知道什么档次的餐品卖得好，什么样的品类更受欢迎，什么样的商家效益好，该区域内的外卖店整体的生存和竞争状态怎么样。并且也可以提前感受一下自己将来开启外卖事业时所处的环境，做好心理准备。

第四章

体系构建之一：

产品体系

下面我们来讲我们要学习的第一个体系：产品体系。

产品体系有什么用？用一句话来简单概括：它决定你能赚多长时间的钱。

一、产品结构设计

好的餐厅从一份好的菜单开始。我们之前学习了如何定位产品，那么现在可以进入到设计产品和研发产品的实操阶段了。

外卖的产品和堂食店的产品，乍一看都是饭菜，但是这两者顾客端的需求存在着巨大差异，从而导致两者的产品结构和设计理念有根本性的不同。

（一）与堂食店截然不同的外卖产品观

首先，我们讲一讲与堂食店截然不同的外卖产品观。

你在去传统餐厅吃饭的时候会发现，现在各个餐厅的菜单越做越小，特色越来越明显，很多餐厅只有五六种主打菜品和几种套餐。

而线上做得好的外卖店的菜单，动辄就会有几十种菜品，我甚至见到过规模很大的外卖店有 300 多个 SKU（库存单位）。

为什么外卖店宁可投入巨大的运营成本也要往菜单上添加这么

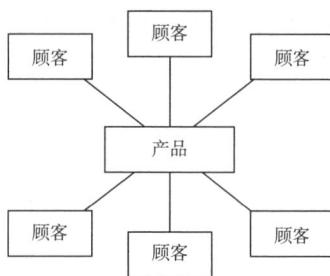

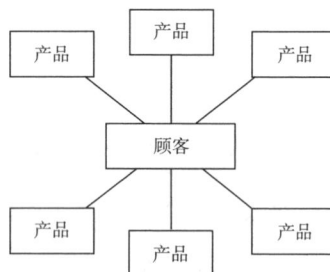

多菜品呢？主要是堂食和外卖的"中心"不同：堂食以产品为中心，而外卖以用户为中心。

我们能够看到堂食店有以下几个特点：

1. 顾客是流动的。堂食店通常位于商业区，这里多数是从四面八方来逛街休闲的人群。

2. 顾客人数多。商业区的顾客包含居民、游客、上班族、差旅人士等各类人群，人流量通常远大于一般的地段。

3. 顾客复购率低。这些人群基于各种目的和机缘出现在该地，所以不确定他们下一次来这里是什么时候，也不确定他们是否还会来这里。

4. 菜品单价高。俗话说得好，穷家富路。既然是偶尔出来逛街休闲，请客吃饭或者探寻美食均不是日常行为。在这种场景下，人们对客单价不是很敏感。你可以想象一下你平常买菜的时候和你请客吃饭的时候对于价格的感受，肯定是不一样的。

5. 菜品有特色。既然大家都是来探寻美食或者休闲消费的，那么平时在家里能吃到的东西就没有吸引力了，人们更愿意去吃些自己楼下或自己家吃不到的东西。

上述因素决定了堂食店只能够以产品为中心，要不断打磨自己的单品竞争力，以求"一招鲜吃遍天"，同时还要让初次光临的顾客能够被餐馆的招牌产品所吸引。至于指望消费者复购，那是不现实的，因为大部分顾客本来就不住在餐厅附近也不在周边地区工作，菜品再好也很难吸引他们再次前来消费。

而外卖则是完全不同的境况：

1. 顾客是固定的。无论你的外卖店开在哪里，购买者首先需要有一个用餐场所，这个用餐场所不是办公室就是家，很少有人会在逛街的时候在别人的店里吃从你店里订的外卖或者在马路上吃外卖。所以，你的外卖店的顾客一定多数是工作、居住在你身边的人。

2. 顾客人数少。无论你的外卖店周边的人潮多么汹涌，和你有关的顾客永远只是周边写字楼和居民楼里的固定住户。而这些房间能容纳的人数是有限的，所以你没法指望你的外卖店的顾客人数会像商业街上餐馆的顾客人数那样多。

3. 顾客复购率高。虽然外卖店的顾客人数相对较少，但他们是每天都"陪"在你身边的人。他们每天上班下班就会路过你的店铺两次，所以你有大把机会和他们接触，促使他们下单。

4. 菜品单价低。既然是外卖店，那么其提供的不是工作餐就是家庭便餐。"穷家富路"嘛，顾客对于这种消费场景的菜品价格是非常敏感的。你的菜品贵了5元钱，他们就会把这个价格乘以30以计算自己这个月的伙食费又上涨了多少，所以在外卖场景下推行高客单价是不现实的。

5. 菜品属于家常菜。特色菜之所以成为特色菜，就是因为大家日常不会吃这些，它们是属于尝鲜或猎奇的菜品。大家能够天天吃的菜只有家常菜，所以作为天天陪伴在固定用户身边的外卖店，经营家常菜品类才会有复购率。

上述因素决定外卖店必须以用户为中心，满足他们的日常需求，通过提高有限消费人数的复购率来实现盈利。

外卖产品的复购率是由什么决定的呢？很简单：价格公道，菜品适口，选择丰富。如果一心想靠某些极具特色的稀罕菜品来打开外卖市场，我劝你重新考虑一下这个问题。

你会在外卖市场上验证我在上文中提出的结论：上图左边是我在香港吃的一家牛腩店"华姐清汤腩"，店里经常大排长龙，而且进店的人多数点的是同一道招牌菜——清汤牛腩面。所以理论上华姐清汤腩不需要做任何其他的菜品，就可以实现很好的利润。因为香港是一个旅游城市，华姐清汤腩所在地是游人如织的天后站，所以当它有了名气之后，就会出现在世界各国的香港旅游攻略中，光是前来尝鲜的一次性消费型的游客就可以支撑它的订单量了，而且不会有哪个游客隔三岔五就来同一个地方游玩的，所以华姐清汤腩根本不用担心顾客会吃腻的问题。

而图右边是优粮生活两年前的菜品全家福照片。观察图片，我们会发现，这里没有所谓的"主打招牌菜"，反而都是一些类似西红柿炒鸡蛋、干锅有机花菜等非常家常的品类，但是所有菜品共有将近 20 个种类。这是因为，优粮生活作为外卖店，服务的是工作地点固定或居住在店址周围的大众人群，这些人群的人数虽然不多，但是他们对产品的复购率远远高于堂食店顾客的复购率。那么，接下来我们就要考虑一个问题：什么样的菜品可以让所有人都能够接受？什么样的菜品能让人们天天吃也不容易吃腻？最终我们发现，家常菜是所有人都能够接受的品类。虽然家常菜的"吃腻周期"比特色菜品长一些，但如果天天吃还是很快就会腻，所以我们只能用丰富的菜品人为拉长这个"吃腻周期"。

（二）菜单上到底需要多少道菜？

关于如何打造外卖店的产品系列，我经常被问到的一个问题就是：一家外卖店到底做多少道菜才合适？因为不同类型的外卖店所需要的菜品种类和数量会有所不同，所以我只能给出一个大原则：尽可能延长你的顾客的"吃腻周期"。

有人经常用"百吃不腻"来形容一道自己喜欢吃的菜，而实际上你觉得某道菜"百吃不腻"恰恰是因为你吃的次数太少了。譬如北京烤鸭，我个人就非常非常喜欢，但是如果让我连续吃 5 天，那我肯定这辈子都会把烤鸭戒掉了。堂食店的客户有着"人数多，复购少"的特点，就算最忠实的顾客可能也就半个月来吃一次，更多顾客的消费频次可能是以季度或半年来论的，这样他们才有可能会一直吃不腻。因此堂食店的菜单就有可能会变得越来越小，最终很可能会出现只做一道菜的餐厅。

外卖店的顾客的复购率比堂食店高多了。我查看了一下优粮生活的历史订餐数据，发现复购量最高的客户其 1 年一共订餐 700 多次，相当于每天都订 2 次餐，雷打不动，而其他大部分的顾客也会维持每周在优粮生活订餐 1~2 次的频率。但无论是家常菜还是特色菜，如果一直吃同一道菜的话，顾客的主观体验感受是会随着用餐次数增加而明显下降的。所以无论你的菜品做得多么好，面对外卖用户这么高频次的订餐率，也很难只用一道菜留住他们，哪怕仅仅留住半个月。因

此，这就需要我们为顾客建立一个选项丰富的菜单：今天 A 菜吃腻了，可以吃 B 菜；明天 B 菜吃腻了，可以吃 C 菜。如此不断地让顾客换着花样点菜，在理想状态下，当用户尝遍了整个菜单上的菜品时，时间已经过去了 1~2 个月，于是他又对他吃过的第一道菜产生了兴趣。

就我的经验而言，外卖店的菜单上有 15~20 道可选择的菜品是比较合适的，同时也是能够留住顾客的。如果高于这个数量，会增加后厨的成本，低于这个数量的话又会使顾客流失率大大增加。

（三）爆款产品设计

菜单的菜品和数量虽然定下来了，但我们不能让所有菜品无差别地一窝蜂地亮相。商场如战场，产品组合要像作战小分队一样，每个产品都担负着不同的职责。外卖菜单上的菜品主要分为"爆款产品""引流款产品""利润款产品""辅助产品"四大类，并各自拥有相应的产品功能。

首先，我们来分析爆款产品。爆款产品是什么？爆款产品不仅仅是指卖得多、赚得多的产品，它更是你手上最骄傲的作品，同时也是最能够代表你的品牌、你的水准的产品。比如说麦当劳的爆款产品是巨无霸汉堡，吉野家的爆款产品是招牌牛肉饭。所谓的招牌菜，就是别人做不出来的东西，它能作为你的招牌，是能给你整个店铺引流的产品。

巨无霸

招牌牛肉饭

因此，如果在做外卖之前，你已经有了自己的餐饮店，就可以直接拿堂食的招牌菜来做爆款产品，同时相应地在线上做明确的用户引导，会取得品牌和销量双丰收的效果。如果你的外卖店是初创品牌，那么建议你先不要确定爆款产品。你需要将产品系列不断地进行迭代，在一段时间之后，根据你和竞争对手的差异、你的团队所擅长的领域，以及顾客对现有菜品的反馈来确定爆款产品。

爆款产品和品牌往往密切相关，所以一旦被确定，商家以后就不大好变换了，需要慎重考虑。

爆款　＝　品牌

（四）引流款产品设计

对于外卖生意来说，最重要的就是客户流量。不管顾客是因为什么理由进店的，只有进店了才有可能将客户流量转化为成交量。所以，外卖店的引流款产品就好像超市里有着醒目黄标签的特价商品一样，能够有效地吸引顾客进店。一旦顾客被吸引进店，其可能购买的往往就不只是特价商品了。

对于外卖生意来说，也需要一个或几个引流产品，譬如优粮生

活经常会推出一些"9.9 元套餐""今日半价"等活动，通过这些引流产品把顾客吸引过来，一是能让更多的人体验其品牌，并有一定概率这些顾客能转化为长期顾客；二是进店顾客很可能不只是购买引流产品，反正都是下一单，同时看上的其他产品也就一起买了，因此这单交易还是有可观的利润的。

对于引流产品的标准，提出 3 点建议：1. 不失品牌水准；2. 成本足够低；3. 让用户感到价值高。

"外婆家"售价为 3 元钱的麻婆豆腐就是很典型的引流产品：口味不差，豆腐的成本很低，但用户对这道菜的感知价值远远超过 3 元钱，所以顾客会觉得划算。

（五）利润款产品设计

顾名思义，利润款产品就是利润率高的产品。这部分产品在菜单中从不显山露水，把它和其他产品放在一起，顾客绝对不会知道它的成本可能是其他产品的 1/3。但是这样的产品，往往需要在食材、规格、名称上和其他商家的有所区别，这样才能取得自己的定价权。例如，麻辣烫是卖不上高价的，但是串串香虽然在食材上和麻辣烫差不多，其客单价却比麻辣烫高出了很多。同样的例子还有打卤面 VS 意面，炒饭 VS 焗饭等。

利润款产品的标准，也提出 3 点建议：1. 用户心目中已有认知的高定价品类；2. 成本低；3. 周边市场上相同产品少。

利润款产品不是很好找，如果有能力开发出来，那么理论上来说，菜单里利润款产品越多越好。

（六）辅助产品设计

严格来说，辅助产品不应该算是菜单上这 15~20 个 SKU 中的成员，辅助产品是饮料、小吃等配合主菜的产品，例如，麦当劳的可乐、薯条、炸鸡翅都属于辅助产品。

辅助产品的特点是利润率高、加工简便、不易独立销售。外卖的辅助产品承担着为顾客提供更丰富的菜品组合、为商家赚取更高利润的职责。辅助产品最适合与主菜组合成套餐进行销售，这样不仅可以拉低整个套餐的平均成本，还会使套餐的价格更有吸引力。

对于消费能力较强，而且对体验要求比较高的顾客，辅助产品是他们每餐必点的。如果哪个店家没有辅助产品，反而会因此流失顾客。

关于辅助产品的标准，有 4 条建议：1. 种类少；2. 成本低；3. 价格不透明；4. 加工方便。

首先，辅助产品不需要有太多种类。过多的辅助产品会使菜单变得复杂，顾客更为在意的是主菜，他们是不会在辅助产品上浪费太多时间的。

其次，辅助产品的价格一般不高，其成本就应该更低。订单里已经有主菜的价格，辅助产品加上去之后，不能比原来的价格明显地高出一大截，否则会引起顾客对价格的警觉。

再次，自制饮料、自制小吃比较适合作为辅助产品，比如土豆泥、自制果汁、鸡蛋羹，甚至茶叶蛋都挺好。如果人人都知道这个辅助产品的价格，定价时就会非常被动，这就是非常不建议外卖商家用可乐、雪碧作为辅助产品的原因。人人都知道可乐在超市卖多少钱，你的批发价格也不会比这个价低多少，可乐是没有办法为你盈利的，就产品利润而言，它就是鸡肋。

最后，辅助产品要加工方便。这样才可以保证在不占用后厨太多资源的情况下，保障供应量。

看到这里，你对产品结构的设计应该有一些自己的思路了，产品结构的设计不是一朝一夕的事情，需要根据你自己的品类慢慢来完善。

二、谁来主导研发？

在上文中，我们研究了产品结构的设计，接下来我们要进一步地聊一聊产品研发。

在一般人的常识里，菜品研发者当然是会做菜的人，最好是国宴厨师那种大师级别的人物，只有他们才能研发出受欢迎的菜品。从某种程度来说，堂食店的产品确实是这样的，因为但凡以产品为核心的品牌都需要厨师心无旁骛地专精于某种菜品，这样打造出来的产品才有可能成为顾客心目中的首选。

但外卖品牌产品的研发就不是这个规则了。拿优粮生活来讲，产品研发负责人从未学过厨师相关技能，也并未学习过与食品相关的专业，她是一位拥有心理学硕士学位的海归美女，再往下的执行层级才是厨师出身的餐品研发人员。为什么外卖品牌的研发人员配置会这么颠覆常识？我们从以下四个方面来分析。

（一）经验主导 VS 数据主导

厨师就像医生一样，越老越值钱。因为厨师的经验多了，自然能更好地按照需求研发菜品。一个国宴厨师，脑中可能存储着几千道菜的做法，随时都可以做出一桌上好的宴席。

对于堂食餐饮来说，菜品研发厨师的经验确实是餐馆经营成败与否的重要的因素之一。因为在顾客流动性很强的环境中，堂食店无法抓住固定顾客，只能以产品为中心，力求产品能够更好地吸引顾客。而以产品吸引顾客的过程主要依靠厨师不断地对产品进行打磨和尝试，经验丰富的高级厨师非常适合担任这个角色。

但是外卖店就不一样了，外卖店和堂食店最大的差别就是外卖店的顾客是固定的。这样就给了我们利用数据分析、掌握顾客心理和消费习惯的机会。如果已经知道顾客喜欢吃什么，你还需要一遍一遍地用菜品来试探市场吗？完全不需要。当然，前提是你需要明确地获知顾客的真实想法，这不是平时做做问卷调查或者跟顾客聊几句就可以知道的，因为顾客说出来的往往不是其真实想法。

举个例子，你会看到微信通讯录中的很多好友在个人资料的"地区"上选择了"安道尔"。安道尔是一个欧洲小国，人口不足十万。你的微信通讯录里实际上不可能出现那么多安道尔人，那他们为什么选择"安道尔"作为自己的所在地区呢？因为安道尔是以字母 A 开头的第一个国家名称，而大多数人在注册微信的时候懒得去选择这些不重要的信息，这就导致很多人选择了安道尔。以上就是一个典型的所谓的用户"嘴上不诚实"的例子。因此，只有受过专业训练的人，才有足够有效的手段去获知用户的真实想法和行为规律。优粮生活直接聘请了拥有心理学硕士学位的海归人才，这属于资源超配，其实做过互联网产品经理的人也可以胜任这种岗位。

获取了用户的真实需求，你就有了进行产品研发所需要的数据，接下来依照数据让负责研发的厨师直接执行就可以了。外卖业处于以日常餐饮品类为主的阶段，还不需要太过复杂的菜品做法。在以数据为主导取代以经验为主导的外卖研发工作中，产品经理比高级厨师要适合得多。

（二）盲人摸象 VS 精准狙击

我们经常听到某个餐饮品牌的创始人"潜心研究 20 年，终于成就一碗 ××××"之类的传说。确实，堂食餐饮要想做出精品，需要长时间的打磨和积累。在没有精确数据作为参考的情况下，只能凭借自己的经验、审美以及对这个行业的热爱不断地进行探索。很多人会说餐饮行业的不确定性非常高，因为你觉得万无一失的产品，放到一个全新的市场上就有可能输得盆光碗净；你随便做的某

些产品反而有可能大获成功。堂食店的菜品研发更像是"盲人摸象"，一切靠尝试，一切靠经验的积累。

外卖产品的研发就不一样了，外卖独特的业务流程和独有的科技手段使我们耳聪目明，因为它是全数据化的。除了每天每道菜的销量之外，我们还能够很轻易地获取每一个顾客购买每道菜的频次，以及菜品调整前后反映在数据上的结果，甚至顾客对菜品的评价等信息。而这些信息都是堂食店无法全面获取的。我们不但能够获取

研发试菜中

自己店铺的数据，还可以在网络上很方便地看到其他商家菜品的销量、评价等数据。对我们掌握的这些丰富数据进行分析，就会得出非常明确的结论——现在什么样的菜品最受欢迎，现有的菜品需要如何改进才能获取更大的市场，等等。我们把外卖菜品的研发看作是一个"精准狙击"的过程，大量的前期数据分析可以增加很大的胜算，所以这个过程就应该由具备专业能力的产品经理来负责。

（三）创新精神 VS 延续传统

经营堂食产品和外卖产品的第三个不同的思维在于对待创新的态度。把堂食店经营得很成功的人，一般都有独门绝活，也就是别人做不出来的招牌菜，从而形成自己独特的产品形象和口感，甚至自创一个品类的也大有人在。前文中提到的华姐清汤腩，以及北京非常著名的大董酥不腻烤鸭、眉州东坡的东坡肘子、西贝的功夫鱼都在此列。创新精神是传统餐厅的灵魂——别人在做什么，自己就不能做这些了，一定要搞出别人都搞不出来的菜品，抢占顾客的心智。

但是经营外卖有所不同。虽然外卖是个新生行业，从业者也大多比较年轻，但外卖经营者对于创新的态度却出乎意料地保守。至今在外卖平台上我们也看不到什么特别具有创新性的产品。就拿北京外卖的三个品牌优粮生活、二十五块半、焦耳来讲，打开订餐APP，你会发现卖得最好的菜无非是西红柿炒鸡蛋、红烧肉、干锅有机菜花等常见得不能再常见的菜品。而一些稍有特色的菜，比如优粮生活的香辣脆毛肚、烧鸡公等在销量上反而会靠后。

出现这种现象的原因在于外卖市场目前还处于以日常餐饮为主

的发展阶段，而用户日常最习惯吃的菜往往是家常菜。所以千万别小看家常菜。很多人认为家常菜没有品位，不是很高级，卖不上价。但是我认为家常菜是一个非常高级的东西，因为家常菜经历了挑剔的"中国胃"千百年来的考验流传至今，并且吃的人越来越多，这难道不能说明它们就是最适合中国人口味的菜吗？反观那些特色菜，流行周期长的可达十几年，短的也就只有一年半载，它们流行一时是因为人们都有尝鲜心理，而最终被市场淘汰是因为大家吃腻了之后，发现它们还不如家常菜。

外卖菜品作为日常场景的消费品类，一定是以传统家常菜为主，只有这样才能够获取最大规模的目标用户和最高的消费频次，外卖店不能盲目地学习堂食餐厅在研发方面所追求的新奇特。

（四）惊艳极致 VS 可靠适口

口感和味型是一道菜品的核心，一个好的口感和味型能够传承百年，例如老干妈和可口可乐。不过在对口感和味型的追求上，堂食店和外卖店可以说是走了完全不同的两条路。

你可以想一想，你吃过的好吃的堂食菜品都有哪些？我能想到的有：超级辣的重庆火锅，西单变态辣烤翅，某一家酸菜鱼，还有我家旁边湘菜馆的拆骨肉炒肥肠等。你会发现这些都是单一味型的菜品，往往还是以辣、酸等刺激性的口感为主。这主要是因为堂食餐厅往往是休闲场景，大家就是奔着美食去的，追求的就是口感上的刺激，所以这种刺激类的味型特别受欢迎。有人会说，口感刺激太重了也不是好事啊！别担心，在堂食餐厅用餐一般都是点一桌子菜，顾客点菜时肯定也会点一些口味清淡的菜品或主食、饮料等。

食客们在一筷子辛辣、一筷子清淡的冰火两重天的口感刺激之下畅快淋漓地进食。

外卖的场景就完全不同了，我可以负责任地说，外卖菜品卖得好的大多是复合味型的产品。原因很简单，在外卖的场景里，大家是为了方便做正事儿而选择吃外卖，好吃不是主要目的，只是为了果腹而已。在这种情况下，没有多少人还有心思追求口感上的刺激，换句话说，吃了就像没吃一样是最好的，别弄得一嘴辣，肠胃伤。吃完之后，该干什么干什么，就是外卖用餐的最好体验。再说，大部分人点外卖一般是点一菜一饭，如果这道菜是单一味型，没有第二道菜来调和口感，这顿饭就会吃得很难受。所以，除非你按照单一味型的菜品组合搭配好了套餐，否则不要轻易尝试单一刺激味型的菜品。

让懂用户的人负责研发，利用数据精准狙击，延续传统做出品质可靠、味道适口的菜品，是外卖产品研发的精要所在。

单一味型菜品

复合味型菜品

三、"一年磨十剑"策略

在前文中，我们已经研究了外卖菜品研发的指导方向，现在我们来落实具体的策略。

商业成功人士在形容自己产品的缔造过程时，常常会用到"十年磨一剑"这样的字眼。确实，在堂食领域，"十年磨一剑"的匠心精神弥足珍贵，否则那些老字号就不可能有今日的辉煌。但是在外卖行业，不能用传统思路去经营，我更推荐"一年磨十剑"的策略。

（一）堂食"十年磨一剑"策略的由来

在讲外卖行业"一年磨十剑"策略之前，我们先来研究一下堂食的"十年磨一剑"策略是怎么来的。

20 世纪 90 年代的北京，遍地都是东北菜馆，每个餐厅的菜单大同小异，就那么几十道家常菜，那时候的餐馆是没有所谓的产品体系概念的。

随着国内餐饮行业的发展、国外餐饮巨头的进入、国内大的餐饮品牌的崛起，我国餐饮行业的竞争越来越激烈。于是商家们开始主打特色菜品类，街边冒出了一大批的西餐厅、日餐厅、地方菜系餐馆、特色火锅餐厅等，这些餐厅通过在分类上的区隔抢占了人们不同的心理需求。比如川菜就去峨眉酒家，Pizza 就吃必胜客，等等。

残酷的商业环境不会悲天悯人。随着商家越做越强，竞争也只会愈演愈烈。近几年来，除了品类上的竞争，又开始了单品维度的竞争。比如，巴奴毛肚火锅、阿五黄河大鲤鱼、杨记兴臭鳜鱼等都属于单品维度的竞争。我在北京甚至还见过一家经营面积 6000 平方米的大酒楼，其招牌上只有"佛跳墙"这一道菜。

为什么传统餐厅的竞争维度越来越低、越来越细呢？究其原因还是要追溯到用户的需求上面。现在的顾客，如果不是为了"吃点儿好的"是绝对懒得出门的，更别说开车去购物中心或者商业街了。基于对"吃好"的强烈需求，顾客就会格外关心菜品是否有特色。所以，没有主打特色菜品的餐厅就没有能抓住顾客的"抓手"，将会在竞争中被淘汰。而拥有主打品类的餐厅也就有了能抓住顾客的"点"，仅有这个"点"还不够具体，毕竟听到"日料""西北菜""四川火锅"这些字眼，大家很难想象出具体的菜品形象。而主打单品的餐厅将抓住顾客的这个"点"变得非常鲜明、具体，加上图文并茂的菜单对视觉的冲击力，很容易一击即中，赢得客户的青睐。

堂食顾客 ＝ 吃点儿好的

综上所述，堂食用"十年磨一剑"的策略可以将自己的某个主打单品做到无人能及的地步，成为用户心目中这个品类的极致代表，从此获得取之不尽、用之不竭的低成本营销流量。

（二）外卖"一年磨十剑"的背后原理

外卖店的经营逻辑和堂食餐馆的根本差异在于顾客消费的出发点。请相信我，至少在 2018 年，顾客但凡想"吃点儿好的"一定是会去传统餐厅的。对于外卖来说，至少这几年顾客点外卖的出发点是"吃得方便"。"吃得方便"的出发点说明两点：1.顾客不愿意经常去花费时间找寻新商家；2.顾客对于口味的要求会降低。

外卖顾客 ＝ 吃得方便

顾客不愿寻找新商家对于外卖商家而言是很有利的：顾客一旦体验了靠谱的商家，如果不出问题就会经常复购，因为对品牌的信任会促成长期消费。同时也有副作用：外卖的复购率要比堂食店高很多，这容易导致顾客对任何单品都会迅速吃腻。我们会看到，传统餐厅菜品的更新频率较低。例如，大董一年四季更换 4 次菜单，这已经算是更新得很勤的了，而且大董换菜单是因为需要用不同的季节性食材去给顾客带来更极致的体验，而不是为了解决顾客吃腻的问题（毕竟有财力又有闲心能够吃大董吃到腻的"土豪"是非常少的）。而像肯德基、麦当劳、吉野家等餐饮店，一套菜单持续使用几十年，菜品绝少更换，一样不影响生意。

但是，外卖菜单的更新频率可就要高得多了。优粮生活有个订餐者 1 年订了 700 多次餐，这样的顾客肯定对于你的任何一道菜都早就吃腻了。有一个奇怪的现象：夸我们的菜品好吃的人，常常是十天半个月不点一次餐的人；成天提意见说我们的菜品全都不好吃、吃腻了的人，恰恰是一周吃 5 次的重度用户。即使现在每月至少上线两批新品，还是会经常接到"吃腻了"这类的投诉。

食物这种东西就是这样，不管多么优秀的菜品，当你第一次吃的时候可能觉得很惊艳，能给打 100 分；你第二天吃就会打 80 分；当你连续吃三天时可能就会打 50 分；在你连续吃一周后，再好吃的菜品也会变得不及格。在这种运营规律的制约下，外卖品牌如果不"一年磨十剑"，还能有什么更好的经营方式呢？

有人问了，"一年磨十剑"，那岂不比"十年磨一剑"需要多 100 倍的人力和成本？哪个外卖店能投入这么多的成本呢？不要慌，我们还有第二点要说明：顾客对于口味的要求会淡化。

一般情况下，顾客在选择吃外卖菜品的时候，说明他有比吃饭更重要的事情要做，这时外卖的菜品只是一个"配角"，一个配角的自我修养就是简单适口、不给顾客添麻烦。这么看来，家常菜无疑是大多数点外卖的顾客的最佳选择。对于菜品来讲，无论菜品研发得多么精良，口味上的高评分也会被外卖远高于堂食的消费频次所抵消。不管是优粮生活的西红柿炒鸡蛋这样的家常菜品，还是大董酥不腻烤鸭这种明星菜品，如果都放在外卖这样的消费频次上，也不过就是 5 次吃腻还是 8 次吃腻的区别。

当然，我并不是说菜品的研发可以糊弄了事，而是说你需要用最小的资源成本，开发出尽可能多地在及格线以上的菜品，并且通过丰富的数量以及频繁的更新去抵消由于"吃腻"产生的顾客流失的风险。

（三）"一年磨十剑"对菜品研发体系的挑战

有人会说，"一年磨十剑"的体系就不需要那么高端的研发人员了吧？那外卖的研发工作是不是既省心又省力？这种想法是完全错误的。相反，外卖研发体系的建立需要付出的心血远远大于堂食产品研发体系的建立。寿司之神"小野二郎"的产品，是一位匠人单独研发出来的，虽然研发的时间拉得很长，但其难度和复杂度并没有想象中的大。

一年磨十剑 ≠ 省心又省力

外卖产品研发是一项系统化的工作。系统化工作的特点是：我们的目标并不是研发出多少优秀菜品，而是建立一个能够持续高效率输出新菜品的研发体系。这就需要经过数据分析、选品、开发、测试、标准化、规模化等一系列的环节，每一个环节都需要相应的标准流程和价值判断依据。总之，这是一项需要很多人通力协作、技术含量很高的工作。外卖产品研发和堂食产品研发的区别就好像手工打造一个椅子与制造一部可以自动化生产椅子的机器的区别。

（四）"一年磨十剑"对供应链体系的挑战

当外卖品牌规模不断扩大并连锁化经营之后，对供应链体系也是一种巨大的挑战。如果你经营的是一个单店，那么今天研发出了新菜品，明天就可以上线售卖了。这样的话，要做到每周更新菜品，哪怕每天更新菜品都不是难事。但是连锁化经营之后，供应链的复杂程度则会发生巨大变化。比如，优粮生活现在的情况：上百家连锁店的食材采购、清洗、分装、切配工作以及调料包的加工制作都是由中央工厂完成的，所以从菜品研发成功到正式全面投产还需要经过内测、小规模公测、标准化制定、工厂试制、成本调控、规模投放等很多环节。

以前绝大多数食材加工厂都是服务于堂食品牌的，它们的产品更新频率非常的低。在和连锁外卖品牌合作之后，面对如此高的更新压力，这类工厂往往无所适从。这就需要研发部门和供应链部门通力合作，改进流程，提高效率。至少优粮生活能证明，供应链工厂是有能力达到外卖研发的更新频率的，只是需要长期艰难的磨合和努力。

"一年磨十剑"的策略是外卖产品研发的基本方向，只要不跑偏方向，那么你的外卖品牌竞争力的提升就指日可待。

四、一个核心，三步达标——外卖菜单设计思路

我们现在已经了解了外卖的产品结构和研发策略，这时你手里可能已经有一堆可用的菜品清单了。我们现在就可以开始设计一个漂亮的外卖菜单了。

说到菜单，可能你脑中会浮现出图中所示的这两种菜单：

菜 谱			
炒菜			
特色小公鸡	68元	五花肉炖白菜	14元
特色五七九	48元	红烧茄子	12元
特色鱼头	48-58元	风味茄子	12元
特色酱猪蹄	30元	蛋黄焗菜花	12元
特色麻辣花鲶	16元	香菇炒肉	15元
香菇粉皮（五七九）	58元	荠菜肉末	14元
香菇粉皮（小公鸡）	78元	红油娃娃菜	8元
排 骨	38元	清炒有机菜花	8元
辣椒肉	22元	千叶豆腐	12元
炸带鱼	22元	家常豆腐	6元
红烧带鱼	28元	麻辣豆腐	8元
炸鲅鱼	20元	香菇油菜	12元
红烧鲅鱼	20元	海米油菜	14元
宽粉炒肉	22元	豆 腐 皮	8元
京酱肉丝	18元	西红柿炒鸡蛋	8元
干煸大肠	32元	辣椒炒鸡蛋	12元
青椒肥肠	28元	丝瓜炒鸡蛋	8元
肥肠炖豆腐	25元	清炒苦瓜	8元
干煸辣肉丝	20元	炒洋葱	6元
肉末粉条	14元	土豆丝	6元
沙丁鱼	22元	清炒豆角	8元

首先需要说明的是，外卖菜单在设计上基本不要去参考堂食菜单的设计，因为外卖的核心诉求和堂食是完全不同的。这就是接下来要讲的"一个核心""三步达标"。

（一）一个核心——"效率"

人们为什么会去传统餐厅吃饭？因为他们要和自己在意的人（朋友、家人、合作伙伴等）一起享受一段以美食为主题的美好时光，这也是中国传统文化的一个重要组成部分。所以，堂食菜单的核心是"享受"。从"享受"的角度来看，堂食餐厅菜单的设计也要让顾客感到很"享受"，所以菜单上会有大大的彩图、文艺的描述、厚重的手感，也许还会伴随着服务员在顾客身边的娓娓讲述。同时，顾客也会有这样的心态：既然大家聚一起吃顿饭不容易，不如就好好地选一选菜品。

但是点外卖的人是什么心态呢？他们往往有比吃饭更重要的事情（如工作、学习、娱乐等）去做，所以不想在吃饭这件事情上浪费时间。因此，外卖菜单的核心是"效率"，也就是让顾客尽快完成点餐，然后继续专心处理自己手头的事情直到外卖送达。在这里，你的目标只有一个：让顾客在尽可能短的时间里便捷地完成点餐。如果可能的话，方便顾客在一秒钟之内完成点餐是最好的。我们围绕着"效率"这个关键词，从三个方面分析如何去打造一个适合外卖的菜单。

堂食菜单的核心——享受
外卖菜单的核心——效率

（二）第一步——分类

分类是为了简化顾客思考的过程，也是提升效率的一个重要手段。你想象一下，如果外卖菜单里的主菜、配菜、小吃、主食、饮料以及其他服务项目被杂乱无章地排列在一起，对于效率为先的外卖顾客来说，看一眼菜单就已经感到很虐心了，想要完成点餐则需要莫大的勇气。所以，我们需要建立一套清晰易懂、符合客户点餐顺序和习惯的产品分类。

有些传统餐厅的菜单分类特别文艺，例如，以"风、花、雪、月"分类，或者以食材产地分类。这些对于突出特色的堂食餐厅来讲是没有问题的，顾客也会有一种文化上的沉浸式体验。但是，外卖菜单绝对不能用这种方式进行分类，这样的分类对提高效率而言只能起到反作用。根据我的经验，大多数人点外卖关注的顺序依次是"套餐—主菜—主食—小吃—饮料—其他"，人们对于快餐的点餐顺序早已经被肯德基、麦当劳、吉野家、真功夫等快餐巨头培养好了。因此，我们一定要按照人们最习惯的方式对菜单进行最清晰的分类，见下图。

（三）第二步——组合

菜单中的产品组合对于堂食菜单而言一点儿也不重要，因为反正是慢慢挑选，从头到尾看下来就行了。但是产品组合对于外卖菜单却非常重要，因为当菜单上的 SKU（SKU 等同于你的菜单上的项目）比较多时，顾客就倾向于找些更快的点餐途径。这时你把类似"红烧土豆牛肉 + 西红柿炒鸡蛋 + 米饭 + 例汤 + 鸡蛋羹"这种包含 5 个 SKU 的产品组合成一个"金牌套餐"就会取得非常好的效果。如果顾客真的懒得细细挑选，需要快些完成点餐，他不会在意你的套餐到底是不是比单点更便宜，他在意的只是单点这 5 样需要花费 1 分钟，而点这个套餐只用 5 秒就可以完成。

所以，就算你的组合套餐比产品原价还高一点儿，也会有很多的人愿意点，因为时间就是金钱。

同理，你还可以设置一些类似"炸鸡翅 + 可乐"这样的小吃饮料组合，或者带有明显标签的素食组合、肉食组合、健身餐组合等。只要能为别人提高点餐效率，这样的产品组合就是有价值的。

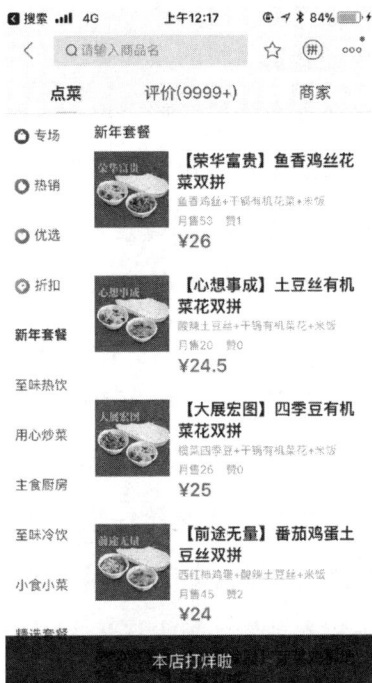

（四）第三步——规格

如果你关注外卖，你会发现很多餐饮品牌的堂食热销菜并不会在外卖的热销榜上出现。例如西贝的堂食热销菜是"西贝功夫鱼""封缸肉炒土豆条"等，但是西贝外卖上的热销菜品却是图片中的这些。

出现这种现象的原因在于堂食和外卖所需要的菜品规格不同。堂食的菜大多是给一桌人吃的，而外卖的菜大多是给一个人吃的。所以在外卖的单人场景之下，没有多少人会一个人吃得下一桌人的菜量。就算是西贝这种号称"闭着眼睛点，道道都好吃"的品牌，我也只能挑一些类似手工空心面、肉夹馍之类的一个人可以吃得完的菜品。这就是为什么很多堂食店线下生意爆棚，但将同样的菜品放到外卖平台上却销量惨淡的原因。

所以你需要牢记设定菜品规格的原则：单人场景！作为一个外卖品牌，尽量不要有大盘菜、多人份菜品。

通过上文"一个核心"的指导，"三步达标"的梳理，你已经可以设计出一个专业的外卖菜单了。

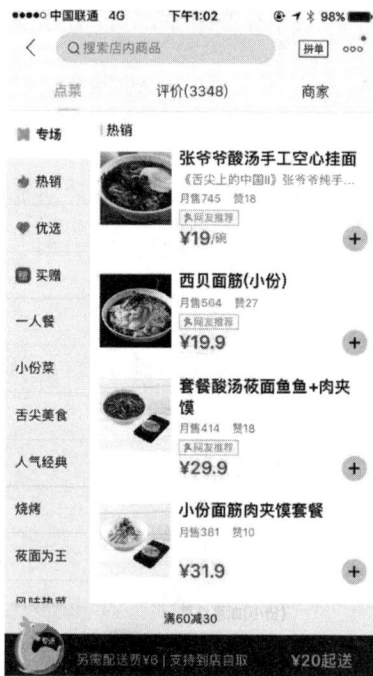

第五章

体系构建之二：

品牌体系

如果说产品体系能够决定你比别人多赚多长时间的钱，那么品牌体系就可以决定你能够比别人多赚多少钱。因为"品牌溢价"是餐饮品牌唯一可以给客户带来切实价值而又不需要你对每一个顾客额外付出成本的东西，值得你好好打造和维护。外卖店的品牌溢价产生原理和传统餐厅完全不同，所以外卖店更有可能用"四两拨千斤"的方式获取品牌溢价。

一、"品牌溢价"概念解析

首先，我们来解析一下"品牌溢价"这个概念。"品牌溢价"就是在同类商品中顾客为了选择你的品牌所愿意支付的多出来的价格。比如，路边的小吃店里没有品牌的炸鸡汉堡套餐的售价为 15 元，而

与之类似的肯德基的炸鸡汉堡套餐售价则为 25 元，那么肯德基的品牌溢价就是 25-15=10 元。这个溢价是怎样产生的呢？我们先要从品牌的概念说起。

（一）品牌是一种简化了的代称，是对产品的各项特征的总结，是对顾客审美高度的表达

昆汀·塔伦蒂诺 1994 年的经典之作《低俗小说》中有这么一个场景：拳击手布鲁斯·威利斯在骑着哈雷带着女朋友一起逃跑时，还不忘反复跟女朋友解释："这不是摩托车，这是台哈雷。"

这段戏堪称哈雷品牌史上最有价值的广告，这部经典的电影为哈雷收获了百年红利。哈雷，短短两个字便概括了力量、激情、自由等几十个能够体现哈雷精神的词汇，从字数上就可以节省人们在交流时表达一个概念的时间。任何对于人类活动效率有提升的东西

哈雷 ＝ 自由 激情 力量 勇气 个性 品位 进取

都是有价值的，所以品牌的存在很有必要。

如果没有品牌，这个世界将变得非常可怕。大家的对话将会变成这样："我们下班一起去吃那家服务特别好、天天排长队、等位时发零食，还有抻面表演的 24 小时营业的四川火锅吧！"或者这样："今天中午时间太紧张了，我们去叫楼下那个 30 年前从美国进入中国的擅长做牛肉汉堡和薯条的快餐店的外卖来吃吧！"……这么说话正常吗？这样来来回回地说几次，连叫外卖的时间也没有了。

$$海底捞 = \begin{cases} 服务特别好 \\ 天天排长队 \\ 等位发零食 \\ 抻面表演 \\ 24小时营业 \\ \cdots\cdots \end{cases}$$

$$麦当劳 = \begin{cases} 30年前 \\ 来自美国 \\ 擅长做牛肉汉堡 \\ 擅长做薯条 \\ \cdots\cdots \end{cases}$$

所以，品牌真心不是商家创造出来的东西，而是来自用户的刚需。我在上初中的时候，学校附近有两个卖盒饭的地方，一个是 54 号家属楼下的小卖部，这家店卖的盒饭品类丰富、口味好、能双拼，但是价格贵；另一个是大院东门的小食堂，那里的盒饭只有一道菜品味较好，并且只能点一饭一菜，但是比小卖部的盒饭便宜 2 元。这两个店都是进京务工人员开的。他们只是讨个生计而已，并没有品牌意识。但是时间久了，为了简化沟通，我们就不自觉地给他们起了简称，一个叫"五四楼"，另一个叫"东门"。从此每到下课时分，"五四楼"和"东门"就是学生之间谈话出现频次最高的两个品牌。

所以大家看到，就算商家不用品牌来简化自己，客户也会用品牌来降低表达成本。如果你还没有开始做品牌，那么与其等着顾客给你起"外号"，不如先自己想想如何用品牌去主动引导他们的思维。

（二）一旦一个行业出现了品牌，行业所有人都必须要做品牌

这里的"出现了品牌"，并不是指商家中出现了品牌。这里指的是主流用户群体普遍具备了"品牌意识"。比如已人到中年的我就经历过餐饮品牌的这几个阶段：

20世纪最后10年，大家常说："今天咱是下馆子还是在家吃？""下馆子"这个概念会出现，就是因为当时大家心目中只有"自己做饭"和"去餐厅吃"这两个概念，至于去哪个餐厅吃则并不重要。这个时期，餐厅也许有名字，但是大多数餐厅没有品牌也不需要做品牌。因为这时候的餐饮行业竞争也不激烈，利润又很高，所以只要把菜做好就可以生存下去。

21世纪前10年，工作餐场景往往是这样的："吃盒饭还是去楼下肯德基？"随着洋快餐敲开中国市场的大门，餐饮业的竞争开始加剧。这时，堂食餐厅已经诞生了很多品牌，所以人们在说堂食餐厅的时候，已经养成了用品牌来表达的习惯。而与此同时，外卖还处于荒芜时代，因为实在没有人看得上这一行，同时顾客对外卖也没有过高的要求，大家都觉得只不过是"盒饭"而已。而卖"盒饭"

的老板们这时候可以说是在闷声发大财。比如北京的丽华快餐、杭州的味捷快餐，它们简直达到了"品牌即品类"的高度。

从 2015 年开始直到现在，办公室里经常出现这样的对话："我们今天定'优粮生活'还是'眉州东坡'？"感谢外卖平台，让外卖成了人们生活的主流消费之一。但是这个时候，外卖行业的竞争也进入了白热化阶段，同时用户也有了以品牌来区分商家的意识。这个时候商家想躺着挣钱是不可能的了，不树立一个品牌来营销自己，就会被用户打入"冷宫"。

因为一个行业的用户一旦形成了品牌意识，这个行业的所有成员就被动地一起进入了品牌竞争时代。

（三）外卖品牌是否要细分？

根据市场发展阶段的不同，品牌竞争有三个层次：1. 人无我有；2. 人有我优；3. 人我都优，但我和别人不一样。

眉州东坡、庆丰包子铺、湘鄂情、将太无二、火宴山，这些品牌的名字，基本上可以让人一眼看出他们擅长做的品类。这是他们在品牌竞争白热化的市场里头摸爬滚打进化出的技能：把用户的思维意识直接拉进一个细分品类里，这样能减少竞争对手，然后用自己的长项去征服用户。

显然，堂食餐饮早已进入第三个竞争层次：人我都优，追求差异化。而外卖还处于第二个层次和第三个层次之间。

所以在纯外卖品牌中，既有台资味、焦耳川式这种主打特色的品牌，也有优粮生活、二十五块半这种不凸显特色，只表达生活理念或态度的品牌。这两类品牌，前者考虑的是迅速抢占细分人群、巩固战果，后者认为外卖领域还有机会去抢整块蛋糕，相信可以慢慢渗透到全人群。这其中的不同打法就见仁见智了。

但可以肯定的是，当未来外卖行业整体发展到第三个层次时，大家也会做出相应的战术调整来适应时代变化，所以我们需要提前思考品牌差异化的问题。

（四）餐饮品牌需要考虑边界和延伸

餐饮品牌的边界和延伸，这是站在长远的时间维度上考虑的一个概念。先说个跟餐饮无关的品牌：滴滴打车。它曾经更名为滴滴出行，这并不是由于滴滴当初确定品牌的时候出现了失误，而是因为前些年打车

APP 处于竞争白热化的"血腥战场"，必须用非常精准的品牌定位——脸上就得写着自己是谁，去争夺客户。而当"仗"打赢了之后，所有人都已经知道滴滴是干啥的了，滴滴需要更宽的赛道去进一步实现自己的价值，这时候自然就需要改名，好切入到代驾试驾乃至大巴班车等出行延伸领域。现在他们甚至进入了外卖市场，这又是一次延伸尝试。

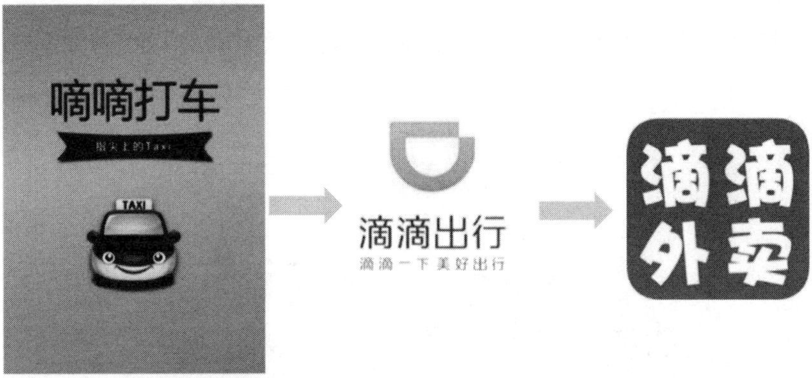

例如我们当初选择优粮生活这个名字，也有为未来的边界延伸考虑的成分。我们认为外卖始于餐饮而必将超脱于餐饮并延展到泛生活服务中去，所以在品牌定位上没有必要过早地把自己锁死在细分领域。当然这个观点见仁见智。

总之，你对品牌可以有不同的观点和决策，但是不能不思考未

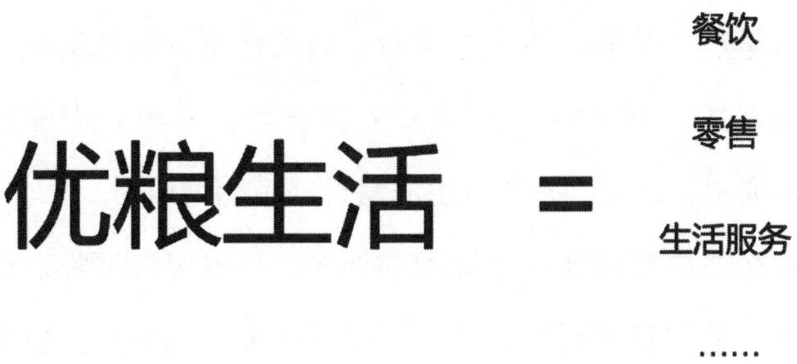

优粮生活 ＝

餐饮

零售

生活服务

……

来品牌延伸的可能性。

（五）品牌需要准确对应用户定位

之前的章节曾经讲过用户金字塔，越往塔尖的人群消费能力越强，人数越少；越往塔基的人群消费能力越弱，人数越多。餐饮品牌，尤其是外卖品牌，需要准确定位自己要服务的是处于金字塔哪一层的客户，才能用最高的效率经营流量，获取用户，产生价值。

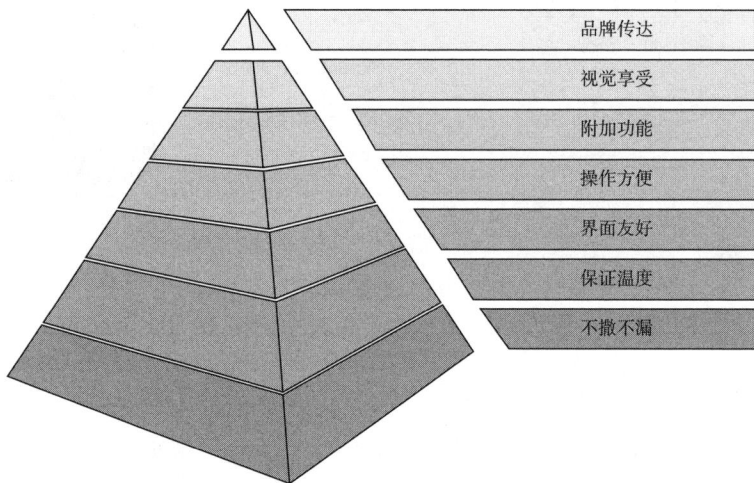

从优粮生活的名字上看，这个品牌对应的就是对生活品质有要求的金字塔中的中层偏上的白领，这样可以避免不在这个区间里面的无效流量进入从而产生成本浪费。而工作不分高低贵贱，做金字塔下部的品牌一样很好，比如××排骨饭，××烤肉脆皮鸡，定位也十分准确，以薄利多销吸引海量价格敏感型用户。

不管是高档型的还是亲民型的外卖，只要定位清晰，都可以将品牌做好。就怕货不对板，长着一张烤肉脆皮鸡的脸，里面却是官府菜的心，这样花大成本获得的流量可就全浪费了，反过来也是一样的道理。

（六）品牌就是送到用户手里的"人质"，以声誉质押换取信用

最后再总结一下品牌的本质：质押信用，双向契约。

商业社会，人与人之间除了感情关系就只有利益关系了。所以品牌其实就是商家送到用户手里的人质，用户受了伤，随时可以跟品牌开撕。也正因为用户有了对你"撕票"的权利，所以他们会更放心地把信任交给你。用户为获得这种"撕票"的权利而在价格上买单，这就是品牌溢价。这时，品牌溢价可以说是用户为自己的用餐体验和用餐安全投下的"保费"，如果你有自信能做好服务，那就偷着乐吧。

如果你没有品牌，你对用户的一切承诺都是空口无凭。如果你伤害了用户，用户想"撕票"都没得撕，这就是一份"单向契约"，换不来用户的信任和品牌溢价。

现在餐饮行业的竞争非常激烈，商家甚至要挤得头破血流地抢着给用户手里送"人质"，所以我们也需要好好地重视打造"品牌"这件事情了。

二、"实感体验"与"虚拟品牌感"

大家对品牌的概念有了了解之后，我们来谈一谈外卖店和堂食店在品牌塑造方面有什么不一样的地方，以及如何打造和维护外卖品牌。

（一）品牌是如何塑造的？

佛教中有个"六感"的概念，分别是"色、声、香、味、触、法"，对应人的眼睛、耳朵、鼻子、味蕾、皮肤、大脑六种感官。其中越靠前的感受形式对人的影响越直接、越强烈，打个比方，有人经常说"戒色"，但没有人说过"戒法"吧。越靠后的感受形式对于一个人的影响越深远，比如"法"，得道的高僧可能与凡人的心境不再相同。这就是为什么你很容易忘记几年前让你哭得稀里哗啦的电影情节，但是当你闻到小时候熟悉的味道时却往往能够准确地唤醒当初的回忆。

当然，如果"六感"全部生效，共同作用于一个人，就会对这个人产生既强烈又深远的影响。如果你参加过教堂里举办的宗教仪式，你就会明白为什么当高大的教堂、空灵的唱诗班、蜡烛的熏香、圣餐的味道以及仪式中间触摸自己或他人的环节长期而又频繁地影响一个人时，容易产生最忠诚的信徒。

餐饮行业的品牌塑造就是一个类似的过程，比如"局气"这个新锐的餐饮品牌，从它的店面装修、店内音乐，到菜品的设计，乃至于一些明星菜品（比如"蜂窝煤炒饭"）上菜时用白兰地点燃的这种仪式感，从感官的不同方面反复敲击同一个共鸣点，从而在顾客心目中形成了"专业而有特色"的不可磨灭的印象，这就是品牌。

（二）外卖品牌打造的捷径

外卖店和堂食店不同，外卖店没有店内用餐区，没有办法给顾客带来沉浸式的体验。一个外卖品牌和顾客的接触点只限于线上平台的 logo 和菜单，以及餐品的包装和用餐体验。看到这里，你是不是感觉外卖店在品牌打造方面很吃亏呢？

其实恰恰相反，外卖店在品牌打造方面比堂食店要有优势得多，因为品牌打造是一个类似军备竞赛的过程。也就是说，如果别人花钱搞精致的装修，你不花这笔钱就会被比下去；别人的装潢得 8 分，你就不能选得 6 分的装潢。如果大家都这样比拼的话，最后餐饮行业就变成了拼资本、比砸钱的行业，堂食品牌的门槛也会越来越高。所以现在就算花二三百万元，也很难在一线城市开一个堂食品牌了。

堂食品牌打造 = 砸钱
外卖品牌打造 = 设计

而外卖的军备竞赛的赛场被"阉割"了，鉴于"色、声、香、味、触、法"的"实感体验"没有了可供发挥的场所，这从表面上看似乎是一种退化，实际上，因为大家都被没收了"武器"，所以只能拼"身体"，这时候，平时没有花什么成本锻炼出来的"身板儿"反而更有用了。

对于外卖品牌来说，"身板"是什么呢？由于用户对外卖品牌的感知仅仅被限定为用户能接触的线上 logo 及菜单设计风格，以及产品的包装层面，这就是"虚拟品牌感"，也就是所谓的品牌的"身板儿"。这些不像堂食店的门店装修和人员雇用那样需要投入重资本，只需要老板具备一定的审美能力以及雇用一个好的设计师就可以完成。这样无疑把一个取决于资本的竞争变成了取决于知识技能的竞争，这难道不算是一个品牌打造的捷径吗？

（三）如何打造外卖品牌

说到如何具体地去打造一个外卖品牌，我们先要看一下能够体现外卖品牌的载体分别有哪些。我们通过研究顾客的订餐和用餐过程，得出的载体大致有以下几个：logo、菜品图片、文案、包装和各种品牌活动。基本上围绕以上 5 个点进行专业而统一的设计，就可以产生"虚拟品牌感"。在外卖行业，一个好的品牌和一个不好的品牌在品牌打造方面的投入成本不会有太悬殊的差距，但是前者会让用户在心理上"认为"你是一个好的品牌，从而在用户心中具备比后者高很多的价值，这就是品牌溢价。

打造外卖品牌形象，其关键点并不是"漂亮"，而是"统一感、不随意感"。你需要将品牌所表达的感觉准确地融入与用户的每一个接触点中去，并且让用户能够感知到你的设计是有章法的，而不是随意的。给大家举两个例子，如下图所示。

未经过专业设计的外卖品牌　　　　　专业设计的外卖品牌

我们会发现，品牌打造和订单量高低没有什么直接关系，但是非常影响客单价，而客单价就代表了外卖的利润。所以品牌设计是外卖经营过程中非常重要的环节。

具体的品牌设计方法和相关要求我们会在下一节的"VI 设计方法论"中详细探讨。

（四）品牌的维护管理

品牌打造好了之后，还需要维护和管理，否则就会慢慢从一个精致的品牌逐渐变得差强人意，导致品牌价值直线下降。维护品牌的关键是"统一"和"升级"。

怎么理解"统一"？一个品牌随着其发展，可能会有更多的产品、更多的店面，甚至新的品类或子品牌出现。这个时候，需要严格贯彻品牌的整体风格。比如你的品牌设计的主色调是橙色，你的新东西上就不能出现任何与橙色不和谐的色调。我曾经见过一个经过专业设计和策划的堂食品牌店，在店里放了新购的两台颜色与店铺整体设计风格相冲突的冰柜，从而导致整个店面档次一下子下降了很多。

　　"升级"是基于品牌长期发展的考量。不管你的品牌形象打造得多完美，由于顾客的审美需求是不断变化的，所以品牌也得不断地迭代升级。从"苹果"logo 的不断变化中就能看到这个趋势。

| 1976 年 | 1977 年 | 1998 年 |

| 2001 年 | 2007 年 | 今天 |

　　我们的品牌需要周期性地顺应用户审美趋势的变化并相应地进行整体的改造升级，才不会被时代所遗弃。

（五）"虚拟品牌感"带来的一些问题

　　外卖的品牌打造可以说在成本控制上做到了最优，但是追求"虚拟品牌感"带来的直接问题就是它很难产生特别高的品牌溢价。我们可以看到，海底捞的人均客单价为一二百元，但是一个普通的街边火锅店的人均客单价可能只有三四十元，这是因为他们的产品成本有很大差距吗？并非如此。在海底捞的收费中，产品费用可能只占一小部分，而顾客付出最多的是"体验"的费用。一个高的体验价值正是需要沉浸式的环境，要有"色声香味触法"的全面冲击才可以达到。

海底捞

产品价值	品牌价值

外卖

产品价值	品牌价值

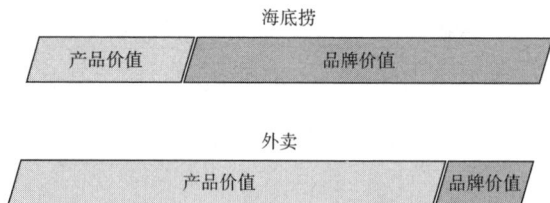

对于被"阉割"了六感的外卖品牌来说，它们无法把更多的体验价值传递给顾客，人们为之买单的绝大部分价值只是产品本身。正因为客户的体验价值十分有限，所以，我们要通过品牌打造，尽量在有限的价值空间中寻求品牌溢价。同时，需要明确的是外卖需要以产品品质和高效率为大前提。

简而言之，提高产品体验和运营效率是品牌发挥价值的基础。

三、VI（品牌视觉识别系统）设计方法论

本节内容并不是要教你怎么设计 VI 系统，因为 VI 设计是设计师的专业技能，作为餐饮经营者也没有必要去硬啃这块骨头。本节的目的在于让餐饮经营者知道如何把控设计师的工作方向以及工作结果。

外卖店 VI 设计需要注重三方面内容：人群定位、系统一致性和系统延展性。

（一）人群定位

与大家分享一段关于 VI 设计的定义：

VI 设计不同于一般的美术设计，VI 的视觉要素是综合反映组织整体特色的重要载体，是组织形象外在的符号化的表现形式。从本

质上讲，它属于一种组织行为，使人感受到组织精神的个性与内涵，传达组织的经营理念。因此，不能从纯美学的角度设计制作，以观赏价值代替实用价值。

简言之，VI 设计是外卖团队成员与顾客群体之间的对话。既然是人与人之间的对话，首先就要考虑语言是否相通、审美是否一致。

VI ≠ 美术设计
VI = 与用户对话

比如，有的人喜欢听歌剧和古典音乐，有的人却喜欢看二人转、听山歌。这里没有孰优孰劣之分，你需要找准客户群体的品位和喜好，切忌对牛弹琴。我们先看一下北京客单价相对较高的餐饮品牌大董的 VI。

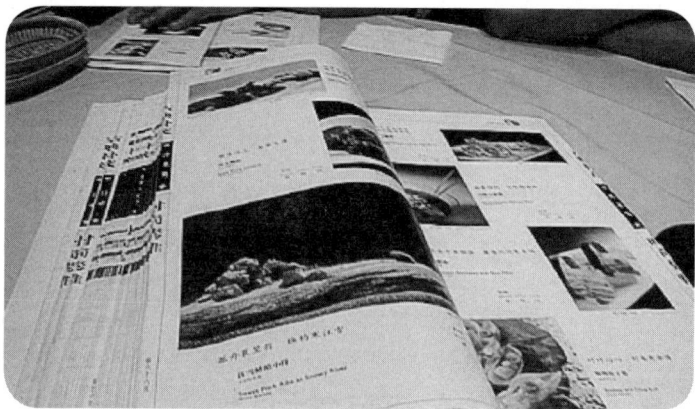

大董的人均客单价在 400~500 元左右。

其次，我们看一下处于中档堂食消费价位的北京菜品牌局气的 VI：

局气的人均客单价在 70~80 元左右。

最后，我们来看一下以便宜实惠著称的来自福建的餐饮品牌醉得意的 VI。

醉得意以"8元醉排骨"享誉餐饮行业，其客单价可想而知。

以上是堂食 VI 的代表，如果你硬把大董的形象塞给沙县小吃的受众，恐怕人家连店门都不敢进。外卖的 VI 并不像实体店的有那么多的发挥余地，其 VI 只存在于手机页面以及外卖包装这两个方寸之地，但是它与堂食店对于人群定位的思路是相同的。比如，客单价在 20~30 元的优粮生活的 VI：

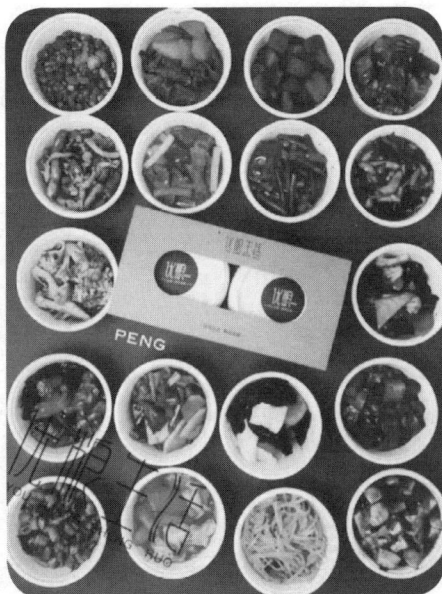

客单价为 15 元的黄焖鸡米饭的 VI：

客单价在 50 元以上的安妮意大利餐厅的 VI：

总之，必须了解目标客户群体的审美水平，创造最贴近这个水平的 VI 形象。

（二）系统一致性

系统一致性是 VI 设计过程中最值得警惕的内容。如果 VI 系统没有贯穿到品牌与顾客的所有接触面上，就会发生"系统不一致"问题，这可能会导致你苦心建立的品牌 VI 系统在顾客心目中的价值归零。

试想，在一个高端日本料理店里，你的桌上却出现了一只港剧里的那种鸡公碗，你会做何感想？

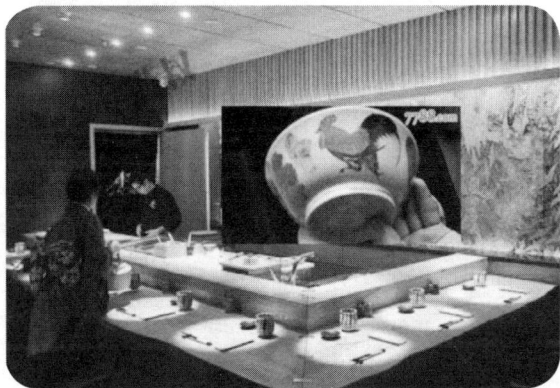

面对一个做事不专业的店，你是否还愿意花很多钱去消费？

你需要先把品牌与顾客的所有接触面统计出来，再一个一个地将其纳入 VI 系统，不能有任何遗漏。传统餐厅的 VI 设计比较复杂，大到整体装修，小到杯盘碗筷，所有的这些都需要定制，成本也是极高的。

外卖的 VI 系统就可以走捷径了，因为外卖的顾客与外卖品牌的接触面无非就是logo、线上菜单、菜品图片、餐品外包装、餐盒、筷子、纸巾、打包袋等。但是目前就连这寥寥几项与顾客接触的点，大部分外卖品牌都做得很不专业。部分堂食领域知名的餐馆品牌，在给外卖打包时就简单地用无字透明塑料袋、透明餐盒、通用一次性筷子来敷衍了事，让收到餐的顾客对品牌价值的预期一落千丈。

品牌与顾客的所有接触面，都需要统一VI，一个都不能少。比如，优粮生活是这么做的：从餐具到包装，送到消费者手中的所有商品都经过专门设计，并和点餐页面保持一致。

（三）系统延展性

既然 VI 系统不一致会使用户对品牌的印象减分，那么如果人为地增加 VI 的应用面，会不会让顾客对品牌的形象加分呢？

答案当然是肯定的，不过这要以做好系统一致性为前提。从前北京的餐饮业竞争比较弱，能做出一套完整统一的包装的品牌很少。而 2016 年之后，跨界进入餐饮业的专业人士越来越多，能把 VI 做得很好的品牌已经有很多了。优粮生活在继续提高产品品质的同时，又开发了水杯、徽章、围裙等一系列周边产品以开展市场活动，用户对品牌的好感大增，很多"路人"转为忠实用户。为什么呢？在周边产品上的投入，表明了商家对于自己品牌的认真程度和经济实力，在顾客的眼中，一个对自己的品牌如此深情又舍得投入的商家，是不大可能坑顾客的。

下图是一张优粮生活的周边产品全家福。

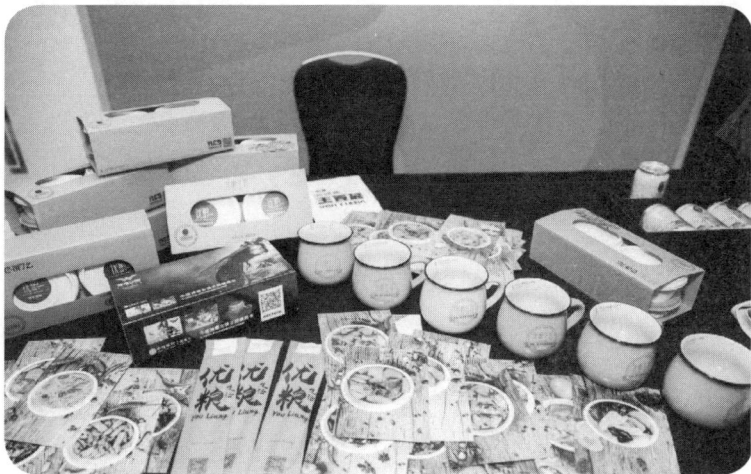

四、品牌人格的打造

品牌人格化是当今很有热度的一个词语，但是有不少人对这个词存在错误的理解，以为米兔就是小米的品牌人格，海尔兄弟就是海尔的品牌人格，麦当劳叔叔就是麦当劳的品牌人格。

其实，这些具象化的形象只是品牌人格的一部分。很多没有具体形象的品牌，比如可口可乐、海底捞、西贝等，其品牌人格化反而做得更加突出。

要想更深入地理解品牌人格，首先要了解一下消费品牌所经历的三个发展阶段。

第一个阶段：存在。在这个阶段，中国物资匮乏的时代刚刚过去，人们买东西一般不挑品牌。这个时候的广告的典型就是恒源祥、燕舞收录机、东芝电器等，广告中基本没有任何有创意的内容，它们仅仅是品牌名称的简单重复。然而这就够了，在大众对品牌认知

一片空白的情况下，只要在一群不认识的品牌中间有一个品牌是听说过的，广告的效果就达到了。

第二个阶段：优势。在这个时候，我国已经进入全面开放的商业社会，各种消费品牌也扎堆崛起，大家都在通过广告向世人昭示自己的存在。此时，就不能一味地说"我存在"了，而是要说"我比别人好"了。比如，乐百氏的"27层过滤"，盖中盖的"一片顶过去5片"等。品牌依然不关心受众群体是谁，商家就是要对所有人说：我很好！

第三个阶段：沟通。在这个时候，央视标王已失效，放眼全国，只要有人的地方品牌都已泛滥。随着科技的进步以及基础生产设备的完善，同类产品在品质上差别不大，这时候再去强调自己有多好，已经形成不了太大的优势，此时，商家开始关心"受众是谁"。比如，小米手机的受众就是"米粉"，年轻人。"小米"打造了一个强大的粉丝社区，不断地组织粉丝进行线上和线下活动，借助微信和微博的渠道实现了低成本的品牌传播。"小米"其实没有刷存在感，也没有过多地展示产品优势，而是找准了自己的用户群体，以朋友的身份与用户进行沟通。只有沟通才会让人们真正深入地认同你的品牌。所谓的品牌人格化实际上讲的就是怎样与顾客沟通。

打造自己的品牌人格的过程，就是弄清楚以下三个问题的过程：你是谁？我是谁？我和你是什么关系？

（一）你是谁？

一个想做天下所有人生意的品牌往往做不了任何人的生意，因为在沟通时没有针对任何客户群体，这样自然就没有人会回应。所以，在做品牌人格时，首先需要获取的就是用户画像。要尽可能详尽地分析出所面向的用户群体的行为特征。

譬如，海底捞的用户群体就是"欢聚一堂的人们"，大家就是来吃一个开心的；大董的用户群体就是"希望自己能开开眼界、长长见识的人"，或者"和对方在一个气派有面儿的环境下谈事的人"；麦当劳的用户群体就是"希望尽可能快速解决一顿放心餐食的人"；优粮生活的用户群体就是"希望省掉出门觅食的时间，但是要吃一顿品质不输于堂食的工作餐的年轻白领"。看，用户群体需求差距这么大，肯定不能用同一种沟通方式对待吧。

所以，只要尽可能详细地得到目标用户画像，品牌人格化的打造工作就完成了一半。

（二）我是谁？

"你是谁"有结论了，那么"我是谁"自然而然就好办了。而决定"我是谁"的策略只有四个字：对症下药。

你有没有发现，海底捞的服务员很像好客的老乡？因为想要"欢聚一堂吃个开心"的人们在好客的老乡家吃饭时的气氛是最好的。去过大董的人都有体会，大董的服务员形象和气质都很好，服务专业、周到，但并没有过分热情，给人一种"冷冷的"感觉，为什么呢？因为来大董就餐的人需要的是"开眼界，长见识"，或者"气派有面儿的环境"，这时老乡家的嘈杂氛围可就不对劲儿了，一定得是"权威"的人带着顾客去体验，他们跟着走就肯定没错。麦当劳的服务员说话简短、快速，没有任何多余的话和多余的动作，因为面对追求"快"的顾客，多说一个字都是浪费对方的时间。优粮生活是外卖店，虽然没有服务员，但是我们通过产品图片、文案以及包装传递给顾客的信息是：该考虑的商家都替你们考虑到了，你们放心吃就可以了。

顾客是谁决定商家是谁，顺序切不可乱。

（三）我和你是什么关系？

打造品牌人格化的最后一步就是：定义你和顾客之间的关系。"顾客是上帝"的时代早已过去，因为谁也没见过上帝，根本不知道上帝和信徒之间到底是怎样沟通的。如果海底捞真的把顾客当成上帝，那恐怕"老乡家"的气氛就会变成在教堂做礼拜一样严肃了。

我们看到，海底捞把顾客当成了朋友，才营造出了更融洽的用餐氛围；大董和顾客是老师和学生的关系，以毋庸置疑的专业能力和审美高度来教导学生提升自己的见识，满足了顾客对专家的向往以及虚荣心；麦当劳和顾客是路人的关系，因为陌路相逢的关系对于大家来说是最省心省时间的；优粮生活呢，是以一种母亲的形象出现在顾客面前的，因为外卖店的顾客是固定人群，其复购率远高于堂食店，就像家人一样天天相见，所以优粮生活要像母亲一样把顾客照顾得无微不至，这样，他们就会更加依赖这个有"家的感觉"的品牌。

你是谁？我是谁？我和你是什么关系？这三个问题有了答案之后，你自然而然就知道在设计图片的时候该如何设计，在编写文案的时候该说什么话。在人类社会中，同一个人有多重角色，父亲、儿子、领导、下属、朋友、丈夫等角色会重叠在同一个人的身上，但是他在不同身份下沟通的话语一定是不同的，把自己的儿子当成下属，把自己的朋友当成妻子，这样的沟通方式一定会出问题的，这是常识。

在品牌与顾客沟通的场景下也是一样的，你一旦明确了对方的身份、自己的身份以及双方之间的关系，在品牌打造上就不可能说错话办错事。

五、外卖包装的选择与设计

很多从事外卖行业的人认为外卖包装就是个打包盒，对其不是很重视。其实，外卖包装也是外卖生意的重中之重。为什么这么说呢？我们可以对照堂食店来分析：堂食店有门面，有店内装修，有服务员形象，有菜品摆盘，甚至店内音乐和店内温度对于顾客体验来说都是很重要的。做堂食店的人没有人敢说不重视店内装修，不重视菜品摆盘。

但是对于外卖来说，顾客不可能体验到你的店内装修、工作人员形象、菜品摆盘等，顾客能看到的外卖品牌的形象就是外卖包装和外卖菜品。这时候，外卖包装就等于门面、装修、服务员形象、菜品摆盘和店内服务体验。说到这里，大家应该把外卖包装重视起来了吧？

接下来我们将由浅入深地从三个方面来论述外卖包装：1.各品类包装的选择；2.基础标准，包装的功能性考量；3.升级玩法，怎样包装助力营销。

（一）各品类包装的选择

在点外卖的时候，会经常遇到用方盒子装汤菜，或者用硬纸盒装中餐炒菜的情况，这些都让人哭笑不得。为不同品类的菜品选择合适的包装，是在研究任何关于包装的问题之前需要弄明白的最基础的问题。

对于不同品类包装的选择，无须死记硬背。我们首先需要了解包装选择的标准，随后就可以灵活地将之应用到自己的品类上。

1.外卖包装需要符合食物特性。例如，包子、馒头等面食类包装需要透气，如果为汤菜类产品选用透气性包装就会很糟糕。

2. 外卖包装需要符合温度特性。一般来说，选择保温或保凉包装，需依据不同品类的外卖考量。对于不同的单品，某包装的材质及密封性可能大不相同。有时候甚至需要巧妙地利用不容易散热的产品去加热散热快的产品（如把汤类盒子紧贴在菜类盒子下面）。

3. 外卖包装需要符合加工手段：外卖是一个拼效率的生意，所以外卖包装设计中能降低店内加工效率的部分，都会降低你的盈利能力。例如，多格饭盒就非常不适合现在的接单、打包、配送方式，因为店家接单后才能够进行后续的菜品装盒、打包和配送，效率会大大降低而且容易出错。而饭菜分离的包装可以让商家在接单前就把菜品装盒的工作做好，而接单后可以直接开始打包和配送，能大大提高出餐速度。

4.外卖包装要符合打包手段的需要。打包手段和加工手段有什么不同呢，加工手段是为了提高店内的生产效率，打包手段是为了方便菜品的码放和配送。例如，优粮生活始终用塑料袋做外包装而不用看起来档次更高的纸袋子，就是因为纸袋子不能摞起来码放。使用纸袋会占用店内更多的码放空间，这就降低了店内的坪效；同时，这也会使配送小哥一个配送箱子内只能码放一层菜品，因此降低了配送员的人效。为了提高一点档次而做出这么大的牺牲肯定是不划算的。

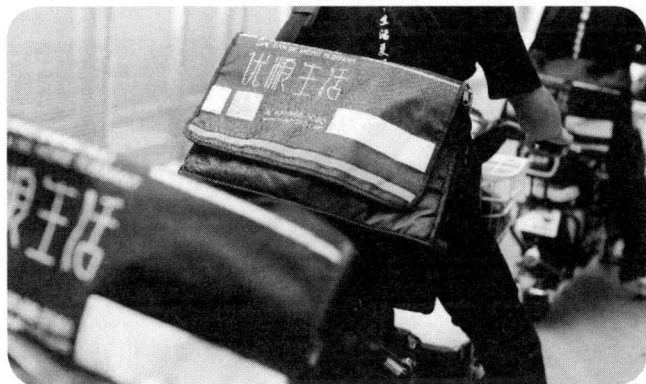

5.符合食用的便利性。最后，我们再来考虑顾客食用的便利性。因为先要提高生产效率，店铺才有盈利的基础，此时再追求用户体验才有意义。例如把汤菜装到方盒子里或者用不透气的盒子装包子或馒头会给顾客带来不方便，从而使顾客体验大打折扣。

我们只要根据以上5个便利的原则去分析自己的品类包装或别人的品类包装，就会得到一个很客观的评估结果。例如：

（1）盒饭 / 盖浇饭套餐

最初级版本的盒饭套餐，甚至可以说是外卖的鼻祖。它的好处是省材料、好拿放、用餐时不需要使用餐桌。因为最早吃盒饭的都是从事户外工作的人，例如拍摄外景的剧组人员等，对于他们来说，这种包装就是最方便的。而现在再用这种盒子做外卖包装就过时了。首先，如前文所言，现在的外卖都是实时订单，使用上图中的餐盒会降低出餐效率；其次，现在的外卖以白领和家庭用餐为主，他们需要的是接近家宴和堂食的用餐方式，饭菜分离是最基本的体验要求。因此，这种格子饭盒可以说已经被时代淘汰了。

（2）米饭炒菜

关于米饭炒菜类的包装，我拿优粮生活的包装作为案例。我们开发的这套饭盒已经成了外卖行业包装的标准。从食物特性方面来说：这种小份菜碗适合装各种炒菜，因为密封性很好，所以无论菜品是否带汤都可以用。从温度特性方面来说：不容易凉的饭盒放在容易凉的菜盒下面，呈半包裹状态，可以保温，再加上纸套和最外面的塑料袋，保温效果更进一步；从符合加工手段方面来说：小碗

菜可以在接到订单之前就进行装盒工作，而接单之后只需要进行拼装打包的工作，这就提高了出餐效率。从打包手段方面来讲：形状规则的餐盒能节

省码放空间，一般的配送包最多可以装20多份用这种餐盒打包的外卖，所以可以提高配送效率且节省码放空间。从食用便利方面来说：小碗菜满足了用户对外卖的升级需求——每顿饭吃两种以上的主菜，并且饭菜分离符合用户在桌面上吃饭的需求；同时，外部纸套撕开可以当作桌垫，方便用餐，改进客户体验。

通过上文的分析我们已经了解为什么优粮生活的这套包装成为外卖行业的包装标准了。

（3）麻辣烫

麻辣烫是一个非常适合做外卖的品类，因为它食材丰富，可以让顾客有很多的选择，又因为它是带汤的，所以容易保温。因此，你会看到各大平台上都有卖得非常好的麻辣烫品牌。品类本身的特性优秀，其对于包装的要求就相对低些，所以麻辣烫的包装只有一个基本要求：密封性好，不洒漏。

目前，麻辣烫外卖的包装多是使用透明塑料圆盒，期待未来能够有外卖商家对麻辣烫的包装设计有所改进。

（4）麻辣香锅

麻辣香锅具有和麻辣烫差不多的优点，食材丰富，可供顾客选择的搭配多。此外，麻辣香锅还有一些麻辣烫不具备的优点：油和酱料使麻辣香锅的口感刺激更强烈，更容易使人产生上瘾感。但是麻辣香锅的缺点也很明显：因为没有汤汁，所以不易保温。综上所

述，我们就能够理解经营麻辣香锅的外卖商家中非常优秀的品牌青渝蓝为什么这样设计包装了：

首先，他们的饭和菜都用锡纸盒装，这样可以最大限度地保温；其次，在餐盒外面再加上一层纸盒，虽然纸盒看起来比较薄，但这样也能形成一个空气隔离层，与直接在餐盒外面套塑料袋的做法相比，其保温效果要好很多倍。所以这套包装仅仅解决了一个保温的问题，就比同行多出非常大的竞争优势。

（5）煲仔饭

煲仔饭像麻辣香锅一样也是用锡纸盒装，但煲仔饭用锡纸盒装不仅仅是出于保温，更是因为煲仔饭的制作方法就是用小碗将饭菜整体进行加热的，而塑料饭盒是承受不了高温的，所以这是出于符合加工手段的要求。需要注意的是，为了食用便利，煲仔饭的酱油

最好单装，这样就不会在配送过程中把米饭泡软，影响顾客体验。

（6）面条 / 米线

面条、米线一直是进行外卖配送时让人头疼的品类。在外卖还只是堂食的附属业务时，面馆通常直接把汤与面条一齐倒入塑料盒里送到顾客手中。而顾客呢，往往也是在不得已的情况下才吃外卖，因此没法在乎自己点的面条是不是已经坨了。事实上，粉面类外卖的客户体验很差。现如今，对于大众而言，外卖已经从迫不得已凑合吃的东西转变成了日常的餐饮选择。

目前做粉面类外卖的商家就比较明智了，他们通常会将汤和面条分开装。此时，最重要的是汤盒的保温功效，并且汤盒要尽量大，因为面和菜码是要放到汤盒里的。相比之下，面条和菜码的保温反而没有那么重要了，因为最后都是要泡到汤里的。

（7）炸鸡汉堡 / 小吃

炸鸡汉堡和小吃类外卖的包装是最不用啰唆的，请参看全球业界标杆——麦当劳。其实，麦当劳开店之初就是一家外卖店，店内是没有桌椅的，直到品牌创立十几年之后才尝试性地做起了堂食。所以它在基因上就是个外卖店，并且已经进化了好几十年，非常有参考价值。

（8）麻辣海鲜

在外卖领域，麻辣海鲜是一个非常特殊的存在，因为它通常出

现在聚餐场景——这是最接近堂食的场景。所以在做好保温的同时，这一品类外卖的包装需要适当奢华并且要有趣味性。因其客单价较高，这给商家留出了在包装上做文章的成本空间。所以麻辣海鲜类外卖的包装拼的就不是功能性了，而是上档次。

通过上文，我们已了解了外卖包装设计的五大原则，同时也分析了很多案例，相信你已经对不同品类外卖包装的选择有自己的认识了。

（二）基础标准：包装的功能性考量

前文所讲的选择包装，只能说是从现成的通用包装里选择尽量靠近符合自己品类调性的款式。如果你的品牌已经做大了，需要设计自己的品牌包装，要怎么办呢？这一节我们来讲讲包装设计的功能性考量。

一般来说，设计包装时需要考虑的元素按重要性从高到低分别是：对产品的保护、对体验的优化、对品牌定位的表达。

"对产品的保护"很好理解，就是你在设计包装的时候，优先考虑的是对产品的保护。因为如果你的外卖到处洒漏，就算外包装做得再漂亮，顾客也不会买账。下图是一些最基本的产品保护包装介绍。

你可以看到，上图中的包装盒（袋）其实并不好看，但是至今用户众多，就是因为它们起到了基础的保护功能，而且已经从产品保护和成本的角度进行了最优的考量。它们已经将产品性能优化到了极致，基本上其他任何基于提升产品外观、格调之类的改进都可能损伤产品的保护功能，所以这类包装满足了基础的功能，反而会经久不衰。

对于外卖包装来说，密封性好，不洒漏，不易碎裂是最基本的要求。

在满足了对产品的基本保护的功能之后，我们就需要进一步地优化用户体验了。下图是一些很好的案例。

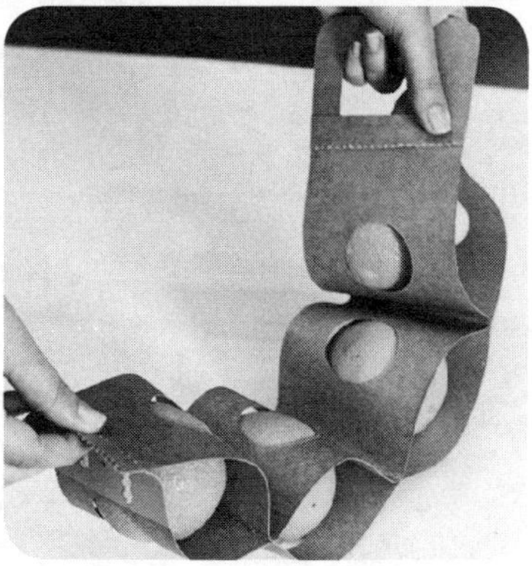

　　这些包装通过巧妙的设计更加方便用户，使用户眼前一亮，便让用户记住了这些品牌。但是切记，一定要在实现了对产品保护的前提下再去提升用户体验。

　　产品保护和用户体验都做到了，就可以去设计品牌定位的特定表达了。下图是一些相关的优秀案例。

我们会发现，经过这样的优化之后，原本普通的商品看起来就提升了档次。这个就是品牌溢价的作用，不过还是要提醒大家，如果产品保护不好，用户体验也不佳，那么费再多心思打造用户体验也没有效果。

其实对产品的保护是包装的基础功能，也是各大包装厂商都需要考虑的方面，所以这一方面不大需要商家去自行设计。而品牌表达又是一件高度个性化的事情，难以在短短的一个章节中进行完整阐述。所以我们从改进用户体验方面来分析一下主打米饭炒菜类外卖品牌优粮生活的"进化"路线。

2013 年以前：格子饭盒时代

在 2013 年之前，我们优粮生活的产品所用的包装和其他的外卖商家没有任何不同，就是用格子饭盒。在那个时代，盒饭的定义就是装在盒子里的饭，是需要凑合吃一顿的时候才会去吃的食物，和家里的饭菜是没法比的，更别说和堂食店的饭菜相提并论了。不过好在这种盒饭在用餐的时候方便快捷，不管是站着还是坐着，只用一只手就可以将盒饭全拿住。那个时代，除非迫不得已，否则人们是不会吃盒饭的。当然，那时的外卖也不用讲究用户体验，因为用户对体验也很少有要求。

从 2014 年开始，上班族的外卖订餐量陡增，外卖在用户心目中的定位也从"凑合吃的饭"转变成了工作餐，这个时候人们对外卖就有了更高的要求。于是我们就思考，为什么盒饭卖不上价，而餐厅的饭菜却可以卖到很高的价格呢？其实两者在菜品上的差距很小，只在形式上有差别：在餐厅和家里用餐时饭与菜是分离的，而盒饭的饭与菜是装在一起的，给人一种低档和凑合的体验。难道盒饭就不能做到饭菜分离吗？这其实是完全可以实现的。所以我们当年首创了饭菜分离的外卖包装形式。

2014 年：饭菜分离

将饭与菜分开包装的效果是非常不错的，因为这更接近于在家和在饭馆就餐的用餐形式，白领们愿意多付一些价来购买这样的体验。更棒的是在办公室，大家可以把菜摆在一起共同享用，这在用餐体验上就更接近传统餐厅了。将饭菜分装的另一个优点是，整套外卖在视觉上看起来比以前的格子饭盒更好看了。当然，视觉体验上的改进只是副产品，千万不要为了好看而贸然地对自己的产品包装进行改动。

2015 年：纸套登场

到 2015 年的时候，我们周边的外卖商家已经基本上都成为我们的模仿者，饭菜分离的包装在白领群体里没有那么明显的优势了，于是我们又开始从提升用户体验方面着手去寻找改进点。

首先，我们发现，将饭菜分离之后，产品的保温效果比以前差了一点，这个也很正常，因为从一个包装盒变成了两个，食物散热的表面积增大了。

其次，顾客经常跟我们说多放几张餐巾纸，经过调查回访我们得知，由于顾客通常在办公桌上吃外卖，汤汁难免会洒在桌上，需要在吃完之后用纸清理，这给顾客增添了麻烦。

针对以上两个问题，我们制定了一个一石二鸟的解决方案：给每套外卖外面加一个硬纸套。这样能把饭盒和菜盒叠放在一起，散热的表面积变得比格子饭盒还要小，并且增加的这层纸套可使保温功能得到极大的改善。其次，我们在纸套上面预刻了撕开的虚线，这样撕开的纸套就可以铺开成为一个餐垫，把饭盒和菜盒放到餐垫上，就避免了汤汁洒漏在桌子上的问题。从此再也没有顾客备注让我们多送餐巾纸了。

随之而来，我们还收获了几个预期外的好处：第一，用户撕开纸套用餐，给了用户一种"这是新的"的感觉，用户的心理体验更佳。第二，由于外包装变成了纸，因此我们有了更多的印刷空间，可以更充分地展示品牌，也方便我们做营销活动。第三，这种包装的颜值比之前的版本更高并迅速地成了用户追捧的对象。

当然，我们的出发点首先是改进用户体验，至于印刷空间以及是否好看等都是附加的收获，我们在思考时不能将它们本末倒置。

2016 年：两菜一饭的套餐形式

到了 2016 年，点外卖已经成为大量用户的主要就餐方式之一，用户对外卖提出了更高的要求。我们发现了一个重要的问题：一饭一菜的形式已经满足不了用户的需求。而当时优粮生活的一饭一菜绑定套餐的形式让这些对外卖有更高要求的用户十分尴尬：点一个菜吧，太单一，点两个菜吧，量太大吃不完。

围绕着这一个问题，我们改成了现在大家看到的两菜一饭的套餐形式。我们发现，这又是一个一举多得的举措。

首先，两菜一饭的方式满足了用户的升级需求，有很多用户甚至会点四菜一饭，这在加强用户体验的同时，也大大提高了我们的平均客单价。

其次，由于以前的一饭一菜的形式需要配备少量凉菜，而凉菜需现场加工，所以很难做到各店口味一致，并且在卫生方面也存在一些风险（有独立凉菜间的商家才能拿到生产凉菜的许可证，所以这个凉菜不是每个店都有条件生产的）在升级成两菜一饭套餐之后，我们就彻底取消了凉菜，彻底规避了凉菜带来的一系列风险。

再次，由于小碗菜的特性，菜品可以两两搭配，顾客可选择的搭配种类大大增加，方便灵活且多样化的套餐搭配大大地延长了用户对品牌产品的吃腻周期。

最后，这版包装确实颜值高，不过我还是要提醒大家，好看只是结果而不是起因。

从优粮生活外卖包装的"进化史"中我们可以看到，品牌在设计外卖包装时首先考虑的是解决现存问题，其次是考虑改善用户体验，再次考虑助力市场工作，最后才是追求好看。不可本末倒置。

（三）升级玩法：包装助力营销

在上文中我们了解了不同品类包装的选择以及包装设计的功能

性考量。下面我们来了解一些升级的玩法，也就是如何利用外卖包装来助力营销。

营销就是品牌传播，而品牌传播需要考量三个元素：传播本体、传播抓手和传播渠道。

1. 传播本体

传播本体就是你的产品和服务本身，这是最根本的，没有传播本体，传播抓手和传播渠道做得再好也不会有结果。

传播本体要通过刺激感官去打动用户，使其产生传播的意愿。我在前文中说过，佛教的概念里有"六感"之说：色、声、香、味、触、法。其中"色"，也就是视觉感知，是冲击力最强的，所以视觉点是最容易打动用户的点。

外卖的流量为什么那么贵，而且越来越贵，其中的一部分原因就是外卖非常不容易做传播。

你想一想，堂食店带给顾客的是360度全方位的体验：首先，这个店开在一个寸土寸金的位置就能使用户对之刮目相看了；其次，店铺招牌、店内装修、用餐氛围、店内文化风格、菜品摆盘、服务员的颜值和态度，甚至店内音乐，都是可以用来打动用户的点。所以整体非常有吸引力的餐饮品牌是各大商场求之不得的，有的商场甚至提出免租金等优厚条件以吸引餐饮品牌入驻。这说明堂食店自带捕获流量的能力，它们和商业地产之间很难说是谁在卖流量给谁。

而外卖就非常尴尬，外卖与用户之间没有那么多的接触点，只能靠自己的包装和产品吸引用户。所以，外卖需要把包装和产品做到极致，才会让用户产生传播的冲动。

上图中的这两种包装，用户更有可能传播哪个呢？

记住，表面上用户"晒"的是产品，实际上用户"晒"的是自己的品位："你看，我对生活品质的要求多高""你看，我就能找到这么高品质又划算的品牌"……如果你的产品和包装本身就让用户觉得自己过得惨兮兮，就更不要指望用户主动去传播你的品牌了。所以，传播主体是硬功夫，是基本功。

2. 传播抓手

虽然有了传播主体，但是很少用户有主动替你传播的意识。因此，我们还需要一个传播抓手，才能够给用户一个传播的引导，或者说传播的理由。

可以把传播抓手看作一个"剧本"，一步一步引导用户的动作、心态和情绪，最终让用户自然而然地去分享这个情绪。我举几个例子：

（1）外卖随餐赠送的牙签非常便宜吧？牙签包装纸上可以印字吧？那么如果我们在每份外卖里都多给用户几个牙签，然后在牙签包装上印上：请把多余的牙签分给点外卖没有牙签的朋友们。这就是一个绝佳的"剧本"，只要当时用户身边还有吃外卖的人，他一定会跟他人分享牙签。这时，牙签就变成了社交货币，以及比较外卖品牌优劣的一个标准（毕竟很多外卖不会随餐送牙签），我们正好可以借此吸引一批其他商家的客户。

（2）在做节日营销的时候，我们可以花点心思整理出最能打动人、最有情怀的祝福话语，将之写在小卡片上并随餐送给客户。客户很有可能会被这些话语感染，借助我们的卡片去社交媒体表达自己的情感，我们的品牌也就随之得到了推广。

（3）说到"社交货币"，我们还尝试过印制附有"冷知识"的

小卡片并随餐送给客户，也取得了非常好的效果。"冷知识"之所以被称为"冷知识"就是因为知道它们的人不多，所以大部分人看到卡片会觉得很新鲜，迫不及待地把它们当作"社交货币"分享给他人。

（4）优粮生活在平台时代前是有自己的微信订餐积分体系的，我们在2014年世界杯的时候做过一次用积分猜球的活动，我们在自己的公众号里开发了一个竞猜球网页，用户可以用自己订餐换来的积分对任意一场球赛进行押注。无论输赢，用户都有极大的概率分享竞猜结果，我们的品牌也就随之得到了传播。

所以，只要开动脑筋，"传播抓手"还是很容易创造的。有了传播主体和传播抓手，很容易就能让用户帮助你传播品牌。而上面所说的牙签、卡片，其实都属于包装的一部分。

3.传播渠道

最后我们来讲讲传播渠道。其实在当今的社交网络时代，传播渠道已经非常集中了，基本上就是线下、微信、微博三个主流渠道。我们做营销方案时需要根据投放渠道的不同来设计不同的方案。

线下其实是传播效率最高的渠道，只是它的传播面不够广。比如，你设计了一套高品质的包装，这本身就是线下传播的利器，从这套包装被拿进办公室的那一刻开始你的产品就会成为全场焦点，再加上能促进线下互动的"剧本"（比如上面说的"牙签"案例，就是专门对应线下传播渠道的），将这些线下传播渠道利用好可以让你的外卖品牌在每一个白领办公室像病毒般迅速扩散。

　　微信是面向自己的朋友、熟人的传播渠道，用户通常倾向于把有意义的、对朋友有帮助的或炫耀性的内容分享到朋友圈或微信群，所以微信传播要以内容设计为主。例如上文中小卡片的案例，如果卡片里的文案能让用户产生"扎心""很牛"的感觉，营销就成功了。

　　微博传播面向更广泛的受众群体。因为微博传播所覆盖的受众群体中既有你认识的人，也有你不认识的人，所以运用在微信上的内容传播方式用在微博上通常也奏效。不过，与微信相比，微博能更好地让品牌与用户之间进行互动。举个例子，2016 年高晓松老师点了我们的外卖并晒单的时候，有一个微博用户评论道"看到了吧，吃这四样菜脸会变大"。这条评论被无数人转发和评论。所以，我们可以主动在微博上为我们的品牌制造"有看点"的话题内容，一旦话题被引爆，就会收获很大的营销红利。

所以，在包装上设计营销元素的时候，先想好传播渠道是什么，然后量身定做方案，这样才会取得最佳的效果。

当然，以我们的经验，目前对营销助力最大的、用户晒图最多的还是外卖的基础包装和菜品本身，所以大家首先要把自己的基础包装和菜品设计好，切忌舍本逐末。

第六章

体系构建之三：

线下运营体系

有人把外卖叫作"互联网餐饮"，但是，如果你认为餐饮外卖业务的主要技术含量都在线上，而其线下部分和堂食没有区别，那就大错特错了。在属于餐饮外卖业务的领域，线下环节的区别可能会更大！

我们将从线下厨房动线设计、单店标准化要素、软硬件系统构建思路、线下推广的"三个率"这4个方面来阐述餐饮外卖的线下运营体系。

一、线下厨房动线设计

（一）传统餐饮业的厨房为什么要有这么多人？

我们既然是餐饮人或者对餐饮感兴趣的人，那么一定看过传统餐厅的后厨，它们一般是这个样子的：

数不清的后厨人员，吵吵嚷嚷，跑来跑去，好不热闹。传统餐厅后厨的人员结构很复杂，通常由行政总厨、头灶、二灶、三灶、墩子（切配）、学徒（杂工）等组成，等级分明。当然，这通常指的是规模较大的餐饮企业后厨，规模小点的餐饮企业后厨可能就只由两三个厨师、两三个切配人员组成，而且一般还需要有个厨师长统管全局。但是你看了他们的后厨，心里总会觉得疑惑！这么多人挤在这后厨里，效率会不会很低呢？

传统餐厅的后厨效率的确不高，但为什么他们坚持使用这种复杂的人员结构呢？因为餐饮行业归根结底属于服务业，服务业需要的是手艺人，厨师就是典型的手艺人。顾客来餐厅吃饭，不光是为菜品买单，更多的是要享受店家的服务，品尝厨师的手艺。比如，精美的菜品摆盘，为顾客定制特殊口味，服务员给顾客讲解菜品的来历和食材的讲究等，这一切都是人与人之间的互动和交流，所以传统餐厅从前厅到后厨都必须以人为本。

木屋烧烤的创始人隋政军在一次交流中提到，有很多人建议他把餐厅设计成机器人或自动滑行轨道的上菜形式，这样既好玩又节省了人工成本。这个提议被他一口否决，原因很简单：自动化上菜，实际上和现在喂鸡、喂猪、喂鸟的设备没什么区别，人们来店里就餐是要享受服务的，不是简单吃一顿饭，所以，从长远来看顾客不

会这么容易接受这种服务模式。

另一个故事也很有意思。有一段时间，在我们优粮大学的各个微信群里流传着一段视频：一个明厨亮灶的餐厅里有几台自动颠锅的炒菜机在工作，旁边的厨师只需要站着，看菜炒好了直接装盘递给窗口就行了。大家纷纷感叹这个黑科技好厉害，降低了厨房的人工成本，同时也提高了出餐效率。后来我在一次活动中恰巧结识了这家隶属于一个大餐饮集团的餐厅的负责人，才得知这家餐厅的经营从一开始就入不敷出。这其中的原因很简单：自动化炒菜机，还要明厨亮灶给顾客看，看起来很高端洋气。但是这种让后厨提高效率的做法只对店家有意义。对顾客来说，没有人在乎菜是怎么被炒出来的。让顾客看到了自动炒菜机，反而会让顾客对这家餐厅产生一种冰冷机器在服务的印象。这导致该餐厅菜品卖不上价，客流量也起不来。

经验告诉我们：堂食的厨房，只能以人为本。借用同仁堂的一句话：炮制虽繁必不敢省人工；品位虽贵必不敢减物力。服务行业注定是劳动密集型的行业，不能投机取巧。但是，对于外卖而言，这些就迎刃而解了。

（二）米其林餐厅、传统餐厅、外卖店的区别

米其林餐厅、传统餐厅和外卖店交付给顾客的东西是不一样的，所以他们的后厨也天差地别。

为什么说东京是米其林餐厅最多的城市呢？因为日式餐厅的后厨和前厅一般处于同一个空间，顾客与其说是在用餐，不如说是在观赏一场精彩的厨艺表演。这样的餐厅，餐品制作过程本身就是服务的一部分，所以米其林餐厅交付给顾客的是包含了表演、服务、餐品于一身的"艺术品"，这让顾客大开眼界，大快朵颐，并愿意为之一掷千金。这种餐厅几乎不需要考虑效率。

传统餐厅，尤其是中餐厅，后厨和前厅是分开的，但是传统餐厅的菜品也是很讲究观赏性的，并且菜品要和前厅的服务结合到一起。所以顾客买的是服务体验和餐品结合起来的一件"工艺品"，既

要有观赏性，也要保证顾客能感受到实惠。传统餐厅的后厨无须考虑观赏性，可以采取措施提高效率，但以人为本的生产模式不能改变，否则就不是服务业了。

外卖店是一个新生事物，一个 30~50m² 的外卖店每天可以出300~500 份餐品，优粮生活甚至曾经单日卖出过上千份餐品。这并非由于外卖店在技术层面有多么先进，而是从顾客需求来讲，外卖店和传统餐厅以及米其林餐厅有着本质的不同。点外卖时，顾客通常不可能提出享受服务的要求，更不可能有欣赏厨师手艺的心情，其核心需求集中在节约时间成本和满足生理需求上。这时候外卖店提供的既不是"艺术品"也不是"工艺品"，而是"工业品"。所以，我们设计外卖店的厨房时，可以完全抛下观赏性和服务性的包袱，只需把一个点做到极致——效率。

（三）外卖厨房动线设计

经营者把追求效率放在首位，再来进行外卖厨房动线设计才更加切合实际。

1. 去除一切"多余动作"

对于追求极致效率的外卖厨房来说，不应该把厨房里的工作人员当作厨政人员来看对待，应该把他们当成流水线工人。所以，我们需要去除一切"多余动作"。

我们比较一下工厂流水线和传统餐厅厨房就会发现，工厂的机器设备虽然很吵，但一切都条理分明，井然有序。这里因为工厂的各个环节都是遵循着一套很成熟的标准来运行的，大家不用关心最终的成品效果，只要保证自己的这部分工作按要求完成就可以了。

反观我们的传统餐厅厨房，吵吵嚷嚷、杂乱无章。由于厨房里的上下游环节没有形成明确统一的标准（对于服务业来说，也没有统一的应用标准），遇到问题只能临时沟通，而厨房环境里的沟通必须要声音足够大才能保证别人可以听到，吵嚷也就在所难免。

我们来思考一下，为什么工厂的流水线作业需要有传送带呢？因为人员来回跑动传送物料就是个使效率降低的多余动作。所以对于一个外卖厨房来说，虽然不一定需要在厨房装上传送带，但要尽可能地减少人员移动，所有岗位的人员最好站定不动，只需要来回转身，而且转身幅度应控制在45度以内。如果厨房人员在转身幅度小于45度的时候就可以顺利获取和交付物料，厨房效率将会达到最佳。外卖厨房动线设计可参考下图。

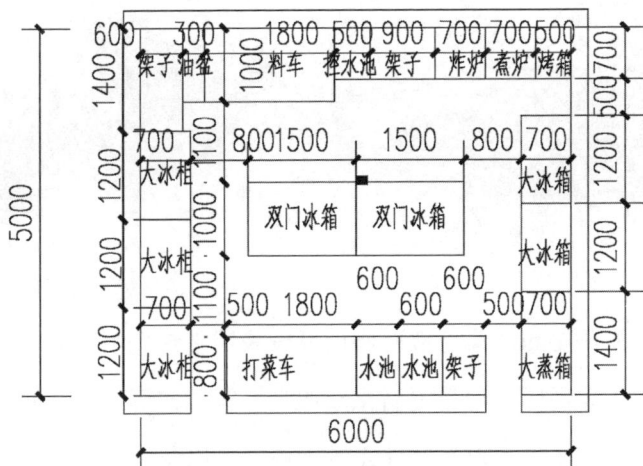

外卖不太需要考虑堂食服务，需要更多地考虑效率。只要有一套成熟的标准，再有一套可量化的工具，就可打造一个安静有序的厨房。我们在下一节会详细讲解"标准化"问题。

2. 用集约化生产提高效率

米其林餐厅的切配工作本身就是一场表演，传统餐厅的切配工作则是为了更好地提供灵活的定制化服务，而外卖店的切配工作纯粹是一个工业化的生产过程，所以外卖店没有必要一个厨师配备一个切配人员。对于外卖店来说，提高切配工作效率的最佳方案是集中人力、集中时段把一整天所需的菜品全都进行切配、称量、加工。这样，原本需要 5 个切配人员的工作，现在只需两个切配人员就可以完成。这就是集约化生产。

至关重要的炒菜环节同样也可以采用集约化生产的方式来提高效率。传统餐厅有菜品定制化和摆盘等需求，所以菜品通常是单份炒制。而对于追求效率的外卖店来说，可以忽略定制化和摆盘的需求，把几十份菜品放在一起炒制，这样既节省了时间，在口味上也不会输于单份炒制的菜品。

也请大家多多思考，还有哪些环节可以用集约化生产的方式来提高效率？

3. 负载均衡，一岗多用

负载均衡是一个 IT 技术上的概念，通俗来讲就是说工作有"忙时"有"闲时"，有"忙处"有"闲处"。因此，我们可以把部分工作从忙时调整到闲时，从忙处调整到闲处，这样能帮助我们降低成

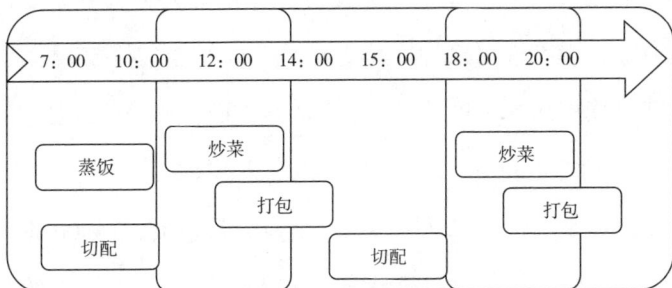

本、提高效率。比如,一道菜品的制作从开始到完成,需要经历洗菜、择菜、切配、称量、炒菜等环节,其中必须在"忙时"去做的工序只有"炒菜"一项。如果我们把洗菜、择菜、切配、称量都放到"闲时"去做,那么厨师在"忙时"就可以完成更多菜品的制作了。

优粮生活后厨的改造就是这么做的。在创业的起步阶段,后厨需要 7~8 个工作人员,一天完成 200 份菜品就达到了极限,而且各种工序混杂在一起,往往会在订餐高峰期造成混乱,使工作效率大打折扣。后来,我们把切配和称量等工作调整到前一日下午的闲时去做,这样能让厨师专心炒菜,出餐效率提高了 3 倍多。等到最后实现了连锁化,我们干脆把切配和称量环节都交给食材工厂去做,这样后厨面积缩减了 1/3,而且厨师拿到手的就是标准半成品,现在一个厨师一天出 400 份餐也不成问题。这就是负载均衡的神奇功效。

一岗多用,是指在做到了生产程序标准化的前提下,一个人在不同的时间段可以承担多种岗位。我们有时会看到在传统餐厅的后厨里,当大厨忙得热火朝天时切配人员却无所事事,反之,相同的情景也经常能见到。这是因为采用专岗专用的人员分配制度,每个人各司其职,没有人可以替代其他人,这样往往会造成人员的浪费。

对于外卖厨房这个极致追求效率的地方而言,我们只要把标准化做好了,再辅之以量化工具,就可以实现一岗多责。一个员工可能 10:00~12:00 是厨师,12:00~14:00 变身为打包员,14:00~17:00 又是切配人员。如果引入炒菜机器人,连厨师都不需要了,所有岗位都成了只需培训几小时就可以上岗的非技能型岗位。人力成本得到了很大的节省，员工收入也会比其他餐厅同等岗位的收入高很多。

既然标准化这么神奇，我们需要单独强调一下，下一节，我们就来讲外卖店的标准化要素。

二、单店标准化要素

上节说到外卖店的后厨追求极致效率的基础是标准化，那么这一节我们来详述一下这个所谓的标准化到底是什么，以及如何实现。

（一）标准化的作用

标准化有两个作用：提高效率和降低成本。一方面，标准化把技术人员和操作人员彻底分离，使技术人员彻底不负责操作，可以把全部的精力放在如何优化标准及提高整体的效率上。同时标准化也使操作人员只需进行机械化的操作，不用考虑其他事情，工作效率自然会很高。

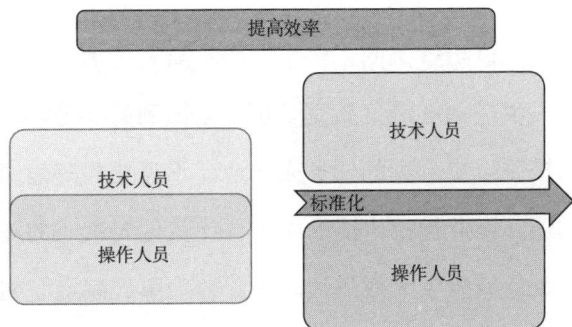

另一方面，标准化降低了成本，这里主要是指沟通成本。传统餐厅的后厨嘈杂不堪，很大一部分就是因为标准不明确导致需要来

回沟通协调。而在实施标准化流程方案的外卖店中，所有人都按照统一标准工作，不需要进行多余的沟通，因此大家能把所有的时间、精力都放在自己的现有工作上，省去了很多沟通导致的时间和人力成本。标准不明确也会导致较多的工作失误，这些都会造成人、财、物的损耗，而实现标准化之后，这种损耗就会大大降低。

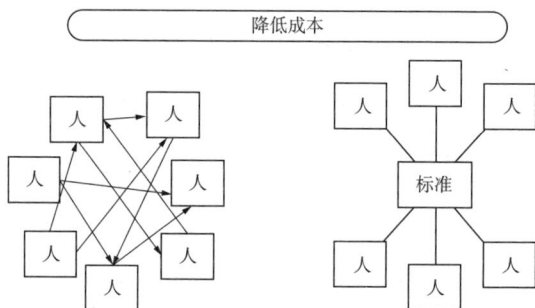

以优粮生活为例，其产品研发团队驻扎在公司本部，厨师分布在不同的店面。研发团队把菜品制作标准制定好，通过工厂把原料加工成半成品并进行分装，再告知各店厨师菜品加工标准。这样，厨师就不用负责食材切配、称量等工序了，他能将所有的精力都放在按照操作流程进行炒菜的工作上，而不需要考虑其余环节。因此一个厨师每天供应 400 份菜品完全是可以做到的。另外，厨房中的工作人员都按照系统分配的任务来作业，不需要和其他岗位的人员做过多的沟通，因此优粮生活的厨房要比其他餐饮店的厨房安静很多，这也极大地减少了无效沟通时间。因为事先制定了明确的标准化流程方案，各个环节的人、财、物在系统中都是可追踪的，技术原因和道德原因产生损耗的可能性小之又小，原材料损耗可以控制在 1% 左右。

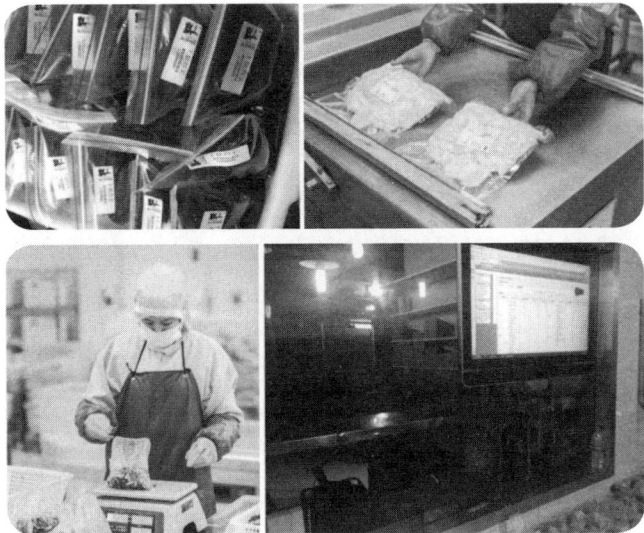

以上就是制定标准化流程方案对一个外卖店的贡献所在。

（二）标准化流程方案实施的两个要素

要实现标准化流程作业，哪些要素是不可或缺的呢？首先，要明白实施标准化流程方案的最终产物即"标准"和"工具"。标准是用来指导工作的，工具是用来验证工作的。两个要素相互配合，标准化流程方案就能顺利实施了。

举例说明这两个要素会更加清楚。比如，鲁班大师制作了一把椅子，众人都认为是上乘之作，希望能再打造一把与之配对，那么这个工作还需鲁班来做，因为别人根本不知道这把椅子的制作方法和工序，所以这把椅子就是一个非标准化的产品。试想，如果鲁班大师在制作椅子的时候就用工程图把椅子的各个零件的尺寸以及组装方法、制作工序记录下来，那么只需要找几个小木匠就可以按照记录单和图纸制作椅子了。

由此可见，此时所谓的"标准"，就是图纸和记录单。一道最简单的菜也包含几十种标准：选用什么品种的食材，怎样清洗，怎样去皮，切成几厘米的块，是真空保存还是给袋子扎眼透气保存，是用冷藏运输、冷冻运输还是常温运输，打包的时候各项食材的配比是多少，调料包的成分和制作方法是什么，最终加工时的油温、火候、炒制时间是什么标准……把这些标准量化为数据给各个环节的工作人员看，大家就会一目了然，各司其职，最终能够让所有的店生产出一模一样的菜品。刚刚说的只是制作一道菜包含的标准化流程，其他的工作环节也是"无处不标准"。目前我们实施了标准化流程方案，为品牌扩张打下了很坚实的基础。

菜品名称	干锅有机菜花		原材料	有机菜花、五花肉片、小米辣
现场打荷图片				
1份			5份	
成品重量	150g			
原材料大概数量	主料菜花，五花肉片7~8片			

实施了标准化流程方案只是完成了一半的工作，因为各个环节的操作人员很难甄别出自己的操作是否符合标准化流程方案的要求，比如说"盐 2 克""酱 10 毫升"，这些数据对于一个两手空空的人来说是无法精确测量的，所以还要有辅助工具。

像电子秤、量杯、不同规格的勺子、温度计等，都是我们执行标准流程方案必备的工具。有人不禁担心，这些工具会不会反过来降低工作效率呢？其实与产品质量不稳定导致顾客流失相比，多花一点时间去执行标准化流程方案是有价值的。况且，工具如果设计合理，是可以提高效率的。如自动化炒菜机器人、双向开门保温柜等，它们对提高效率、降低人力成本的贡献不容小觑。关于这一点，我们会在下文的"软硬件系统的构建思路"一节详细讲解。

（三）标准化流程方案实施的几个步骤

为什么要讲"单店"标准化要素呢？千万别认为标准化流程方案只是有规模的餐饮连锁企业才可以实施的，实际上我们在"单店"时期就已经做到了标准化，你现在看到的优粮生活的食材和调料包都是通过工厂集中加工并配送的。

"单店"标准化的流程也可以说很简单，因为并不存在无法突破的技术壁垒，但这也绝不是一件可以一蹴而就的事情。因为它需要你带领团队去做精细化实践，从打包动作到工具的摆放角度，这些都需要有严格的标准和数据来衡量，任何一个细节都关系着整个方案的成败。

要想完美地实施标准化流程方案，需要五个步骤：1.分解操作流程；2.制定岗位标准；3.岗位培训 & 岗位调整；4.软件改造；5.硬件改造。

其中，前三项是任何一个老板投入时间和耐心都能做到的，后两项则需要投入一定的资源和成本才能完成。

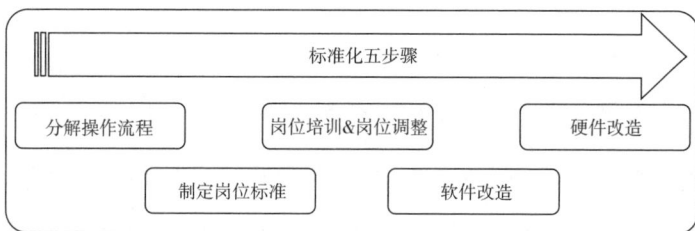

1. 分解操作流程

所谓分解操作流程就是把一个"专家"拆成 3 个"小学生"。比如传统餐饮店的厨师岗位，其职责可能涉及采购、切配、称量、加工、摆盘等一系列的工作环节。由于厨师的工作内容复杂且需要经验，所以这个岗位的工资待遇往往是一个餐饮店中最高的。分离操作流程的任务就是把复杂的厨师工作拆成若干个"小学生"就可以完成的事情：采购一人，切配一人，称量一人，加工一人，用这样

一个专家 ⟹ 三个小学生

的方式来做工作拆分并不需要雇用更多人，这些工作拆解之后可能还是由一个人去做，只是这个人的工作从此变得流程化、透明化。当餐厅规模扩大后，更容易把一个人扩张为一个团队。

2. 制定岗位标准

在工作流程分解之后，你需要考虑的是如何让新手快速了解岗位职责，这就需要制定岗位标准。对于餐饮行业这种劳动密集型、从业人员的平均文化素质相对不高的行业，标准化流程可以概括为"三一制度"——一张纸，一小时，培训一个人。比如切配工作，我们可以把其所需的动作分解成工具码放、工具清洗、切配手法、食材管理等步骤。如此，经过一个小时的培训，一个切配人员就可以上岗操作了，你的后厨团队也可以非常灵活地对工作人员进行调配。整个后厨工作中没有什么不可替代的岗位和人员，用人的平均成本将下降且团队稳定性也能得到提升。对于工作能力较强的员工，可以让其了解和熟悉多个岗位的工作职能，使其能够及时应对团队的突发情况，同时也可以作为管理岗位的候补人才。

3. 岗位培训 & 岗位调整

制定好岗位标准之后，我们就可以开始着手进行第三步工作——调整岗位和培训。这是一个循序渐进的过程，切忌盲目追求一步到位。如果员工手头的工作内容混杂，条理不清晰，可以先培养一个标杆员工，从这个标杆员工入手，帮助其梳理手头的工作。工作梳理完成后，你会发现这也许是两三个岗位的工作试行标准，可以通过执行试行标准来完成该员工现有的工作内容。再和这个员工一起去培训其他员工完成标准化流程方案。最终，我们会得到一个岗位职责清晰、标准明确的执行团队。

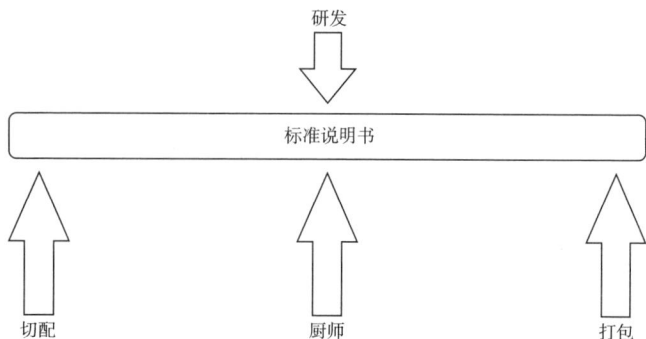

在优粮生活还只是单店规模的时候，一开始后厨有近 10 名员工且没有对他们进行明确的分工，一个员工可以被随意调配，哪个环节的工作缺人了就去做哪个工作，效率极低。后来通过实施标准化流程，把后厨分成了研发—切配—厨师—打包装盒四个工作小组，每组人都拿到了简单易懂的岗位说明书，进行简单的阅读、培训之后就可以上岗。并且各组人员之间的沟通不需要面对面进行，而是通过类似切配标准说明书、厨师加工说明书、打盒标准等标准化流程说明文件交付。此时，无论哪个岗位缺了人，马上就可以通过招聘新人来补位。而招聘的门槛也降低了，以前需要有后厨经验的员工，现在只需要一个能看懂岗位说明书的"小学生"，整体的效率有了质的飞跃。每位员工手头的工作简单明确，他们只专注于自己的岗位工作，工作效率大幅度提升。

4. 软件改造

其实做好了前三项，一个餐饮店的标准化流程建设就完成了，软件改造和硬件改造是这个方案锦上添花的工作，它们能够让整体的效率提升得更高，工作的差错率降得更低。拿软件来说，目前大部分的外卖店除了通过美团、饿了么等第三方平台接收订单之外不再有其他软件系统的支持。当他们接收到订单后需要接单员对订单进行手动统计，然后告诉厨师需要做什么菜、做多少，厨师出餐之后通知打荷员装盒，最后打包员还需要根据订单对产品进行打包、装袋，再等待配送员来把餐品拿走。而如果是自配送，还需要增加一个分配配送员和配送路线的环节。你们看，这么多的工作环节，都需要人与人的直接沟通、协作，这极有可能造成较高的出错率。

软件的作用就是用计算机程序自动统计出各个岗位需要的工作数据，让大家不用沟通也能够顺利完成手头工作。比如，我们自己的"IT管理系统"，会自动接收所有平台产生的订单，然后自动统计出厨师此时需要加工多少份菜品，每份加工量为多少，厨师通过IPAD或店内屏幕看到数据后就可以直接进行相关操作。出餐后，软件还可以根据订单的先后顺序自动给打包员分派任务，打包员直接执行软件的指令进行装盒打包就可以了。最后，软件再根据打包好的餐品以及配送的路线统一进行规划，自动将批量订单分配给配送人员，完成外卖流程。

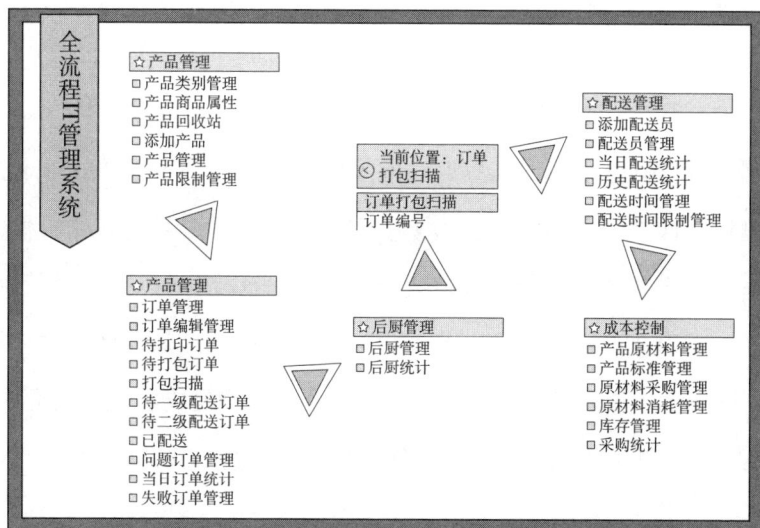

全流程IT管理系统

☆产品管理
□产品类别管理
□产品商品属性
□产品回收站
□添加产品
□产品管理
□产品限制管理

当前位置：订单
⊙打包扫描

订单打包扫描
订单编号

☆配送管理
□添加配送员
□配送员管理
□当日配送统计
□历史配送统计
□配送时间管理
□配送时间限制管理

☆产品管理
□订单管理
□订单编辑管理
□待打印订单
□待打包订单
□打包扫描
□待一级配送订单
□待二级配送订单
□已配送
□问题订单管理
□当日订单统计
□失败订单管理

☆后厨管理
□后厨管理
□后厨统计

☆成本控制
□产品原材料管理
□产品标准管理
□原材料采购管理
□原材料消耗管理
□库存管理
□采购统计

在使用了软件之后，我们的厨房安静了很多，错误率也降低了很多。关于软件这一块，将在后文单独进行详细分析。

5. 硬件改造

硬件改造是为了进一步地提高效率，降低人才招聘的门槛。如果说软件改造需要高端人才，成本较高，那么与之相比，硬件改造的成本可能会更高，但当企业具有一定规模之后，硬件改造所带来的收益也会非常大。我们来看以下几个案例。

（1）某个品牌的麻辣香锅店对于酱料的配比非常严格，酱料数据甚至精确到了毫升。这时，问题就来了：如果用普通的勺子进行测量，误差将会非常大。为了更方便地控制每道菜品的成色和口味，餐厅将酱料按照配比分装成小袋子，但这样又引发了两个新问题：一是由此产生的包装使成本提高，二是每个订单的食材数量不同，酱料的用量也有不同的标准，而小袋子很难做成多规格的形式。最后经过不断的尝试和努力，餐厅选择使用胶枪。

胶枪刻度准确，操作方便，投入使用后，餐厅菜品质量的稳定性和出餐效率得到了质的飞跃。目前，这种胶枪已经在其全国几十家连锁店推广使用了。案例中硬件改造的成本是比较低的，关键是要善于发现问题、思考问题。当然，大部分的硬件改造成本还是较高的。

（2）优粮生活在连锁规模不大的时候，所有的店都遇到一个相同的问题：菜品在装盒之后到打包之前的这一个时间段内需要一个能保温的地方来进行储存，以防止菜品变凉，从而影响口感。而市面上的保温柜大多如下图所示。

这样的保温柜基本上都是单开门的，在就餐高峰期，这必然会导致放菜品的装盒员和拿菜品的打包员的动作互相干扰，影响效率。并且人们习惯于拿离自己近的菜品，这样就造成了"后进先出"，越靠柜子里面的菜品放置的时间越长，不利于保温和保持新鲜度。

于是，优粮生活和厂家合作改造出下图这种保温柜。

这款保温箱有两扇柜门，一边可供装盒人员使用，一边可供打包人员使用，两边的动线分开互不干扰，并且菜品的拿取也可以做到先进先出原则，完美地提高了餐厅运营能力以及菜品出品质量。

关于硬件改造，我们会在下文进行详细论述。

三、软硬件系统的构建思路

软硬件系统并非我们想象的那样高深，在外卖店里，除了工作人员之外，其余都属于软硬件系统。店里的各种设备、耗材、软件，乃至广义上的流程、规范、制度、标准，都属于软硬件系统范畴。那么，我们该如何构建外卖店的软硬件系统呢？

（一）构建软硬件系统的目的

当我们考虑如何构建外卖店的软硬件系统时，目的只有两个：一是高效，二是稳定。对厨房做的任何一个改动如果不是为了达到这两个目的，那么最好取消这个改动。

一些餐厅喜欢尝试用一些高科技的产品来提高效率，比如自动炒锅。但是一般的自动炒锅只有颠勺这一种功能，而且其效率与一个手艺熟练的厨师相比要差很多。甚至，要想使用自动炒锅，还需要派一个有经验的厨师在旁边监控，这就是典型的花了钱反而降低了效率的硬件，这样的设备不应该出现在外卖店里。

还有一些餐厅，为了实现所谓的数据化管理，要求员工把自己的工作信息手工录入到计算机系统里，比如收到了多少份订单，什么时间出品了多少份菜等，这给店内工作增加了不必要的步骤，也降低了效率，得不偿失。

真正的软硬件系统构建不一定要与高科技相关联，有时只需要几块钱的小工具就可以大大提高整体的工作效率，例如在上一节中提到的麻辣香锅店后厨使用的胶枪。

根据发展阶段、品牌规模和投入成本的不同，我们把软硬件系统构建按照初、中、高级思路来讨论。

（二）初级思路

初级思路就是在不安排专项投入的情况下，人人都可以做的工作。同样是使用蒸米饭、炒菜所需的这些设备：炉灶、冰箱、操作柜、保温台等，有的厨房一天可以完成上千单的产量，有的厨房完成 200 单就达到了极限。造成两者差距如此巨大的原因还在于动线设计，我们已在"动线设计"一节里进行了详尽的论述。

动线设计非一朝一夕之功，所以建议大家不要一开始就把各个设备的位置完全固定下来。可以先开工，再仔细观察并梳理效率瓶颈，可能需要调整很多次才会取得最优化的厨房设备配置方案，这也是未来店面扩张的设计基础。

初级思路还需关注一下"人"。设备是硬件，人是软件，在硬件设备完成了配置并能够发挥最大功效之后，再激活"人"的能动性，整个系统才能真正发挥最大功效。首先要为各个岗位制定工作手册，并为各个岗位之间的协作制定标准。此时不需要过多地考虑，因为没有经过实践的检验，再多的思虑也是徒劳。我们可以先让整个团队运转起来，此时，不建议老板亲力亲为地在各个岗位上操劳，也不要给自己安排任何操作性的事务。老板应该以观察者的视角去观察团队的每一个成员，观察其在操作流程和沟通机制上有什么可以改进的地方，将之记录下来并加以整理，为制定更加完善的软硬件系统打下基础。在创业早期，我们发现厨师炒菜时经常凭经验抓取切配好的食材，这对于食材配比掌握得不是很精准。但厨师确实有自己的苦衷，由于时间紧迫，他们在炒菜的时候无法细细称量每一种食材的重量。针对这个问题，我们给切配工作增加了一个步骤——称量。切配人员切完菜之后，用电子秤把食材按照菜品规定比例分袋装好，这样厨师就可以直接将食材拿去下锅。厨师从此不再费心于"抓得准"还是"抓不准"，炒菜效率变得更高了。虽然切配人员多了一道工序，但是由于切配的工作时间不像炒菜那么紧迫，可以提前做，所以最多只是拉长了一点工作时间而已，但换来的却是出品效率更高，菜品品质更稳定，这是非常有价值的投入。

只要你观察足够长的时间，就会发现无数类似的可以改进的地方。所以对于软硬件系统的构建，初级思路就是不管抓到好牌还是烂牌，都要争取在现有的条件下把它打到最好。同时，初级思路产生的结果也是下面要讲的中、高级思路的基础。

（三）中级思路

中级思路就是要在有一定投入的前提下进一步优化目前软硬件系统构建方案。在软硬件系统构建方案的初级构建完成时，你也会发现随之而来的一些问题：虽然出品效率和产品稳定性都获得了很大的提升，但是相关的操作手册变得越来越厚了，员工之间的工作沟通和确认也变得很烦琐，员工离职后，新员工从入职到胜任需要更多的培训时间……这似乎让你的团队陷入更多的忙碌和焦虑中。

如何才能让操作手册变得更薄？方法只有一个：让每个员工时刻清楚自己需要做什么。如何让员工的沟通频次变少？方法也只有一个：让每个员工时刻都能知道怎样做才是对的。所以软硬件系统构建方案中级思路的核心是：软件系统。

店长为什么要频繁地向员工询问店内的情况？因为店长需要根据数据来获知店内工作所遇到的问题，以便掌控大局。打包员为什么要频繁向厨师询问是否增加菜品？因为厨师不能时时了解菜品的售缺情况，而打包员则能在第一时间掌握菜品售缺的数据。如此情况，不胜枚举，餐饮店忙乱的根本原因是：大家都缺乏相关数据。

想要解决这一问题，我们就需要构建软件系统。试想一下，如果从各个外卖平台涌入的订单能够经过自动统计后告知厨师：在几点之前需要出多少份什么菜；告知打包员：哪个订单包含哪些菜并且需要在几点之前打包好放到架子上；告知配送员：几点来取餐，根据路线分析，要取几份订单一起送出去；告知店长：当前店内每一个岗位的负荷是多少，哪里需要加人，哪里可以休息一下，是否需要暂时关闭某个接单平台以避免延误……如此，我相信这个店会以极高的效率和极低的失误率安静而有序地运行。

外卖店相对于传统餐厅来说有一个无可比拟的优势，那就是外卖订单的入口端是全数据化的，这就意味着之后的出餐、打包、配送等每项工作都可以计算出相应的数据，同时对各个岗位发布相应的操作指令。这样的系统已经被我们开发出来了。

当然，别人的软件系统是没办法直接拿来使用的。如果你的店进入了软硬件系统构建方案的中级思路阶段，那么你一定要找到或者开发出适合自己的软件系统。

一个外卖店的软件系统解决方案大概有以下四种：

1.采购成熟系统产品。目前有不少餐饮店专用的软件，也有不少可以对接三大外卖平台的系统，这些软件的采购价通常比较便宜。但是软件这个东西就像鞋子一样，每个人的脚的尺码不同，形状也不一样，买均码的鞋不可能完全适合自己的脚。成熟系统有可能对自己的业务有一些帮助，但是不可能完全适配于自己的情况，甚至有可能反过来制约自己的业务，这就得不偿失了。

2. 自己设计，外包给外部 IT 公司去做。这也是很多大企业所采取的方案，相当于找个裁缝为自己量身定做一双鞋。这会比直接采购成熟系统的产品好用很多，但是你需要知道的是，公司的业务不像脚一样，毕竟每个人脚的形状都差不多，都有 5 个脚趾，但不同公司的业务却千差万别，而且创业初期的公司甚至会不断发生剧烈变化，在这种变化幅度下，可能今天做好一双鞋，明天就不能穿了，所以裁缝的效率和沟通成本，会是大问题。

3. 自己设计，自己组建 IT 团队开发。一般来说，当商家的业务规模还不大的时候，肯定不会有人做出这样的选择。不过优粮生活就选择了这么一条"奇葩"的道路，因为我们知道，IT 虽然不是餐饮的核心要素，但是 IT 是外卖的核心要素。所以我们在只有一家店的时候就投入重金开发了自己的 IT 系统，直到今天，IT 团队也是我们公司花费最大、人才最多的团队。

组建自己的 IT 团队就相当于自己学会了怎么做鞋，然后随时根据自己脚型进行制作和修补，始终让自己拥有一双舒适的好鞋。

4.加盟一个有 IT 系统的成熟品牌，这样的话，业务和系统就是完全匹配的了。不过，这样也就不大符合需要创立自己品牌的创业者的需求了。有人会觉得这样做是削足适履，但也有人会觉得这不失为一个学习他人成功经验的好办法。

（四）高级思路

一个经历了初级思路和中级思路建设的外卖店，其战斗力已经可以秒杀市面上 99% 的对手了。不过此时，外卖商家依然被一些问题困扰：厨师难招，人才难留，店长难培养等。

所以软硬件系统构建的高级思路就是：忽略每个人的能力差距，让"小学生"也可以胜任所有岗位！这个思路的核心就是：硬件系统。

首先要注意的是，硬件系统比软件系统的投入要高百倍不止。小型企业和创业初期的公司是无法承受这个投入的，但是我们可以预先了解硬件系统的改造将会达到一个什么样的效果，并且将之放在远期规划目标中，以期有朝一日可以实现。

就目前外卖店的各个岗位而言，技术含量最高的是厨师，厨师的工资往往比店长的还要高。但是厨师毕竟也是人，其工作状态也有好坏之分，也需要休息。所以凡是需要用厨师来炒菜的外卖店，不管其标准化做得多好，都无法保证所有菜品百分之百一致，更不可能做到 7×24 小时都有恒定的出餐频率。但炒菜机器人就可以完美地解决这个问题。虽然投入巨大，但集炒、煮、炸功能于一身的炒菜机器人效率很高，只需要设定程序，投放切配好的食材就可以一丝不苟、始终如一地做出成品菜肴。这样，外卖店就可以告别厨师，只需保留小工，只要有机器就可以开工。

放眼望去，外卖店里类似的、可以进行的硬件系统改造的项目数不胜数。最终，外卖店会变成一个无人操作的"大铁盒子"，这边原材料进去，那边打包好的餐品就会出来……这一定会成为现实的！

四、线下推广的"三个率"

在完成了厨房动线、单店标准化，以及"高大上"的软硬件系统的构建之后，可以说已经完成了生产效率和品质保障的环节构建。

不过，线下部分还有一项很重要的工作需要做，那就是线下推广，这也是运营体系重要的组成部分。现在，虽然更多的外卖店依靠外卖平台做推广，不过随着线上流量成本的增加，线下推广又重新成为一个性价比较高的推广方式。

在 2014 年之前，北京地区还没有线上的外卖平台，外卖运营的例行功课就是发传单。当时线下推广的场景非常壮观，每天早上，地铁口都会聚集十几个来自不同商家的发单员，上班的白领就像检阅部队一样匆匆而过，有的人会领一两张传单，有的人则选择忽略。但同样是发传单，不同商家发传单的效果却差别很大。一般的外卖店发传单只有 1% 的订单转化率（发 100 张传单卖出 1 份餐），而优粮生活的订单转化率可以达到 7.5%。

优粮生活的外卖店与其他外卖店的区别就在于"任务分解"，他们把"转化率"这个复合型目标，拆解成了三个分量：接单率、到达率、下单率。

$$接单率 \times 到达率 \times 下单率 = 转化率$$

所谓接单率是指从你面前经过的潜在用户有多少人能接收你的传单。上班族的时间很宝贵，可能只有半秒钟的时间去判断是否接收传单，所以这时传单上的内容不重要，因为潜在用户在仓促间只能依靠视觉判断是否要接这份传单。所以此时最关键的是：差异化。没错，既然传单上面写什么都没有用，那就只能在视觉形象上下功夫，你越有特点，和别人越不一样，越有可能被"宠幸"。下文中的图片是优粮生活的传单和其他外卖店的传单对比，供大家参考。

到达率，顾名思义，就是潜在用户接了你的传单之后，是否能够顺利地把传单带回办公室或家里。如果你留意一下，就会发现地铁口附近的垃圾箱都快被各种各样的传单塞满了，这说明已经接了单的潜在用户出于某种原因又把传单扔掉了，这种情况就属于推广失败。

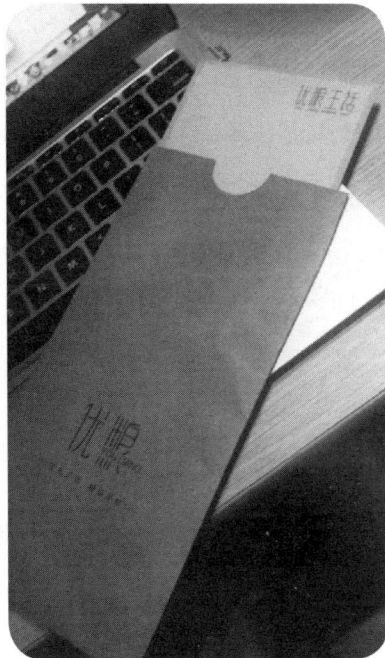

我们来分析一下潜在用户为什么会把传单扔掉。这其中的原因归纳起来有两点：1.不方便；2.不稀罕。之所以说"不方便"，通常可能是因为传单的外形出了问题，比如太大、太硬或其形状不方便用手拿着等。其实，只需要一个小信封就可以解决这些问题，因为装在信封里的传单可以方便地装到衣袋或包包里。第二个问题就没有那么容易解决了。造成潜在用户对传单"不稀罕"的原因可能是传单太粗糙，不能彰显个人品位，这样的传单拿着都嫌丢人，不如扔了。不同于很多外卖商家把传单设计成一张花花绿绿的铜版纸，优粮生活用素雅的牛皮纸信封＋精心设计的内页来做传单，虽然成本是别人的数倍，但是其材质和设计理念会让用户有一种"舍不得扔"的感觉，从而有效提升到达率。

综上所述，提升传单到达率的关键是：1.方便携带；2.设计精美；3.材质精细。下单率是完成转化率的重要指标，我们来分析一下下单的场景：通常，潜在客户会在进入办公室之前拿到好几张甚至十几张传单，加上之前收到的，其手头有非常多可供挑选的传单。潜在用户在订餐的时候，往往是拿起这些传单，随意挑选其中一张就下单了。在这样的情景下，什么样的传单才有竞争力？当然是位置排在最上面的。因为优粮生活的传单是一个折起来放到信封里的三折页，所以比别人的小、比别人的厚。一般来说，用户在整理传单的时候一定会把这样的传单放到最上面、最显眼的位置。

当然，上面提到的只是一些小技巧。促使潜在用户做出下单决定的因素之一有可能是其对传单有良好的第一印象。所以，在设计传单时，还要做到美观大方、博人眼球，内容上也力求简单易读。可以说，提升下单率的关键在于提升排序、提升设计水平。读到这里，你是不是觉得很眼熟，提升传单排序，是不是和前文提到的提升平台排名有点像呢？两者确实有异曲同工之处，其中的关键之处还需要在实践中慢慢体会。

总而言之，在线下进行推广时，要提升转化率无须着急去探索新方法，最好能把指标拆解成因子，再一一击破。接单率、到达率、下单率，每一个因子都提升一点，他们相乘起来可能达到数倍于以往的效果。

第七章

体系构建之四:

线上运营体系

外卖业务又被人们称为"互联网餐饮""线上餐饮",这充分说明线上业务对外卖行业而言是多么的重要。事实上,我们把线下业务运营体系建构好了之后,线上业务就成了线下业务的放大器。所谓"台下十年功,台上一分钟",外卖平台就是我们纵情表演的舞台。

本章将介绍 logo 设计、菜单排列、产品搭配、排名策略以及线上转化的"三个率"等内容。

一、与传统餐厅截然不同的 logo 设计要素

如果突然让你回忆几个餐饮品牌的 logo,你会想到哪些?肯德基、麦当劳、吉野家、必胜客、星巴克、汉堡王……这些全都属于快餐类别。

快餐品牌

　　而正餐品牌呢？即使是我们特别喜欢的品牌，我们可能也很难回忆起它们的logo，甚至连它们是否有logo都很难回忆起来。

　　出现这种情况是因为快餐需要醒目的、可识别度高的logo来帮助顾客快速做出决定。但当人们对"快"的需求达到一定程度时，可能连出门去吃饭的时间都没有了——于是他们就变成了外卖店的顾客。

　　我们先从场景识别、审美倾向、复杂程度三个方面来分析一下传统餐厅logo和外卖店logo的不同要求，然后我们总结一下外卖logo设计元素的差异。

（一）场景识别

　　传统餐厅logo和外卖店logo的场景识别有本质上的差异。在一条街或一家商场的一个楼层，可能最多只有一二十家传统餐厅，而浏览完这一二十家餐厅往往需要1~2分钟的时间。此时，我们可以计算出用户平均在每家餐厅门前逗留的时间为5~10秒钟，这段时间足够用户细细端详餐厅的招牌了。何况，在逛街的场景中，用户正在享受闲暇时光，其手头应该不会有紧急的事情要处理。因此，就算这些传统餐厅的名字再长，logo再复杂，用户也不会错过其中的内容。如下图所示。

外卖店就完全不一样了，外卖店的消费场景通常是用户翻阅着外卖平台上的店铺信息列表，急于寻找一家看起来靠谱的外卖店来解决果腹问题。此时，用户当然是希望挑选的过程越短越好，最好是只花一秒钟就能选定目标店铺。可是外卖平台上的商户太多了，这时候用户往往不可能有时间和耐心把注意力放在每一家店铺的招牌上。调查数据表明，只有色彩冲击力非常强烈的店铺 logo，才能在 0.2 秒的时间内成功引起用户的注意，如下图所示。

那些在设计上过于追求复杂化、精雕细琢的 logo，哪怕是知名品牌，也很可能会被顾客忽略，如下图所示。

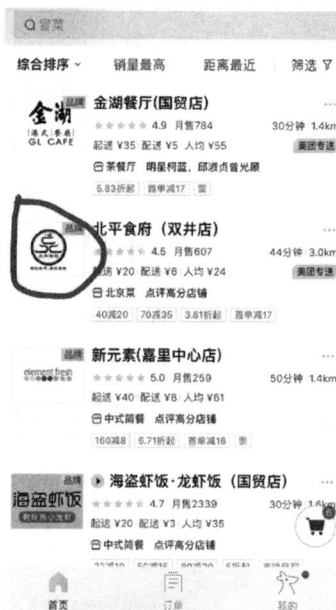

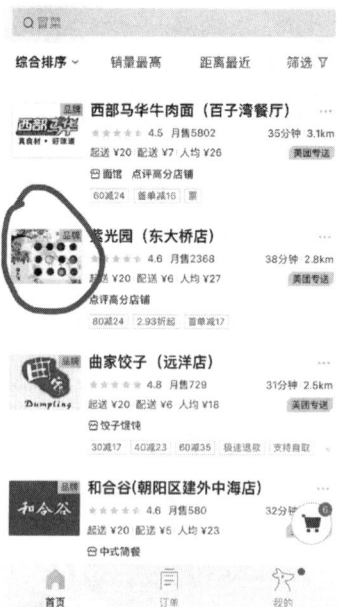

（二）审美倾向

传统店的招牌设计通常比较贴合自己所属菜系的特色，例如西餐、日餐、地方菜系等。

所有这些设计是为了让顾客对餐厅的菜系和风格建立预先体验，并且对餐厅的专业程度建立信心。外出就餐用户的诉求大多是享受美食，他们一定会精挑细选餐厅，因此商家不应该放弃任何一个可以帮助用户做决定的细节。

但对于外卖店而言，你会发现其 logo 的美丑与店铺销量没有太大关系。因为外卖店要在"刀光剑影"之间获取用户，所以不需要内敛，直接把自己是做什么的写在 logo 上面就好了，如下图所示。

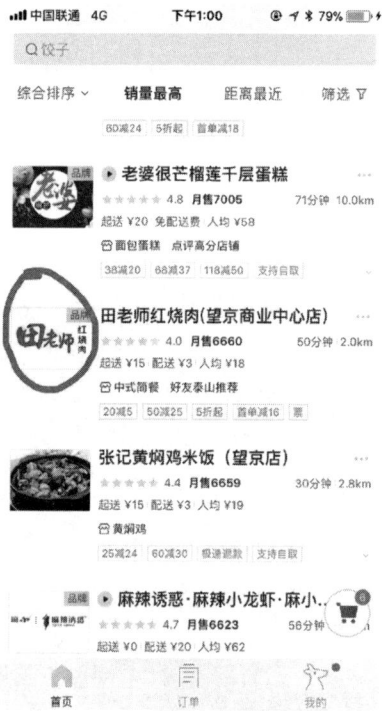

（三）复杂程度

很多传统餐厅的招牌中不但有中文名字、英文名字、logo，甚至还含有广告语，这样的招牌放到商业街或者商场里是完全没有问题的，这样可以让用户在路过时就能了解餐厅信息，这也能确保不会流失原本应该属于餐厅的用户。

但是，很多传统餐厅入驻外卖平台后，把自己的原有招牌完全复制到外卖 logo 里，这就是败笔，用户在快速浏览外卖订餐平台的页面时，在每家店铺的停留时间平均只有 0.2 秒，他们在这么短的时间里不可能看清楚 logo 里面写的是什么字。如下图所示。

设计外卖 logo 时，要确保其组成元素简单明了，能用一个词说清楚的就不要用一句话，能用一个字说清楚的就不要用一个词，能用一个偏旁部首说清楚的就不要用一个字。

（四）设计元素差异

我们来总结一下外卖店的 logo 设计要素：传统餐厅的 logo 可以自由选择色调，但外卖店的 logo 必须用具有视觉冲击力的饱和色；传统餐厅的 logo 可以追求文化内涵和品位，但外卖店的 logo 必须以直接表达为先，审美品位置后；传统餐厅的 logo 可以选择复杂化设计，也可以一块招牌包含所有信息，但外卖店的 logo 必须简单直接、字数少、笔画粗，包含的信息也尽可能少。

综上所述，麦当劳的 logo 是我见过的最优秀的外卖店 logo 设计，优粮生活的 logo 设计也可圈可点，还有西少爷肉夹馍的 logo 设计，这些 logo 都能在用户快速浏览页面时迅速地吸引其眼球。

另外，直接拿菜品照片来当 logo 也不是明智的选择。

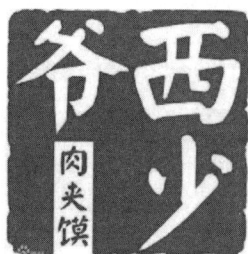

聚来海华餐厅

月售30

30分钟 **137m**

起送 ¥20　配送 ¥5

美团专送

中式简餐

30减7　50减12　8折起　票

二、菜单排列的思路

菜单在餐饮行业中的地位极其重要，尤其是在传统餐厅中，菜单占据着核心地位，在餐饮策划中一般也都是先有菜单后有餐厅。

大家去不同的餐厅，会看到风格迥异的菜单，比如"大董"的厚重的菜单：

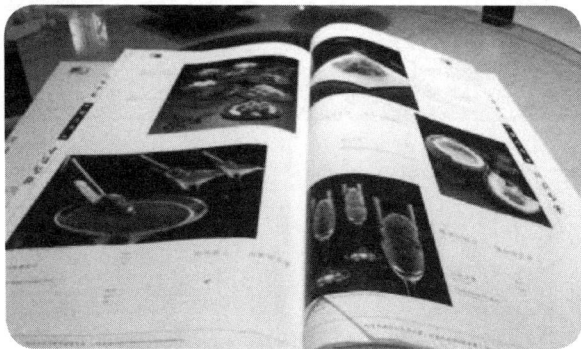

还有快餐店的一张塑封纸的菜单：

而肯德基、麦当劳根本就没有纸质菜单，所有的菜品都在前台的灯箱里……

外卖店的菜单都在外卖平台上，所以不能随心所欲地设计字体和进行排版。

我们唯一能够自主决定的就是菜品的图片、文案以及排列顺序。图片和文案已经讲了，这是彰显品牌感的重要部分，一定要经过专业人士的设计和拍摄。这一节我们只研究菜品排列。

（一）菜品排列与主题风格

菜品排列的目的是什么？是为了让顾客更好地完成点餐环

节。菜品的排列和餐厅的主题风格息息相关。餐厅的主题风格大致可分为三个类别：仪式主题、文化主题和效率主题。

所谓仪式主题风格的餐厅就是适合举办商务宴请和聚会的餐厅，一般以中餐正餐店为主。在这种主题风格的餐厅里，你会发现菜品的排列循规蹈矩，菜单中的菜品一般是按照凉菜、主荤、半荤、素菜、主食、酒水、饮料的结构来排列的。因为仪式主题风格的餐厅的上菜顺序大多是这样的。如果餐厅在上凉菜之前先把主食端上桌，用户一定会有怨言。仪式主题风格的餐厅在点菜时就算预演了一次上菜的过程，菜品的排列顺序一旦被打乱就等于同时打破了用户的思维定势，让点菜过程变得很别扭。

文化主题风格的餐厅是主要经营西餐、日料以及地方特色、少数民族特色菜品的餐厅。这种餐厅的菜单是为了原汁原味地展现地方特色与异域风情，菜品排列顺序不是很重要，文案介绍以及菜品图片才是关键。客户来文化主题风格的餐厅就餐是为了"图个新鲜"，餐厅自然也会把菜单作为这次"文化之旅"的重要组成部分。菜单承担的其实是一场大戏中主持人报幕和介绍的工作。

效率主题风格的餐厅一般指各类快餐店以及日常餐饮店。它们的菜单都非常简单，很少超过三页纸。而且菜品排列顺序都惊人的相似，一般是主打套餐、主菜、小食、饮料，餐厅的门口或者前台通常还会有类似"本日特惠"之类的短期促销菜品。在一个成熟的快餐品牌店里，用户是不会看到一个顺序错乱的菜单的。之所以把"效率"作为餐厅的主题风格，是因为针对菜品排列做的所有设置都是为了帮助顾客在最短的时间内做出选择，毕竟对于快餐场景来说，大家的主要需求就是节省时间，一个菜单混乱的快餐店是不可能吸引重视效率的顾客的。

（二）外卖菜品的排列思路

再看看外卖店，外卖店的主题是什么呢？不可能是仪式主题风格，因为至少在目前，谁也不会用点外卖的方式来宴请他人；也不可能是文化主题风格，因为谁也不会指望在一顿外卖中去体验异域风情。所以目前外卖店的主题只能是"效率"，用户因为时间宝贵才会点外卖。这时候外卖店的菜单就完全可以参考快餐店的菜品排列方式。

下图是一些经典的外卖店的菜品排列方式。

现在，我们来了解一下外卖平台菜单中各个分类的功能。

1.热销

热销菜品其实相当于传统餐厅的招牌菜，比如全聚德的烤鸭、眉州东坡的东坡肘子，代表着这个品牌的水准以及这个品牌的独特优势。一般来说，用户选择外卖是因为对效率要求高，不想浪费时间对点什么菜做过多的思考。他们在浏览外卖平台的菜单时，若发现店铺热销菜品，很容易就会产生"从众心理"，因为其第一反应很可能是这么多的用户都爱吃，应该错不了。他们大概率会倾向于点这个热销菜品。这等于是"其他的顾客帮其做出了选择"。

2.特惠

特惠菜品是外卖店用来引流的产品，外卖店没有门头以及前台这种可以放促销宣传招牌的空间，所以特惠菜品必须也体现在平台菜单中。特惠菜品的功能是让原本对你的品牌不感兴趣的用户出于"占便宜"的心理而下单，以此来吸引一部分顾客。对于价格低廉的品牌，也可以通过这种方式来帮助价格敏

感型的用户快速做出订餐选择。

3. 套餐

套餐是平台菜单中的必要分类。设置套餐类别，可以节省用户浏览菜单的时间。点外卖的用户中有相当一部分人是不太在意自己今天想要吃什么的，他们往往只需要快速选定一顿饭所需要的菜品。我们可以回忆一下自己吃肯德基、麦当劳的经历，是不是发现我们点套餐的时候居多？就算套餐相比单点没有任何优惠，用户也愿意选择套餐，毕竟追求效率才是他们选择外卖的初衷。

4. 主菜

有些用户钟情于单点，那么他们单点的时候最关心的肯定是主菜。例如麦当劳的汉堡、必胜客的比萨、吉野家的双拼饭等都是主菜。把用户最关心的产品放到最前面，点完主菜其点餐任务就完成了 80%，这时候用户就会很有效率感。

5. 小食 / 饮料

小食和饮料都属于搭配菜品，

是可有可无的东西。小食和饮料往往利润很高，但是千万不要因为利润高就把它们放在菜单前列。一定要记住，外卖店的主题是效率，首先要满足用户对于效率的追求，之后才能促成交易。把小食和饮料打包到套餐里或者把它们放在单点菜单后都是不错的选择，这样既可能被某些追求"适度享受"的用户点选，提高店面利润，又丰富了用户的选择。

6. 赠品 / 其他

至于赠品以及其他类别的信息（例如品牌介绍、后厨照片展示）等，需要放到最后，在效率主题风格下，关心这个环节的用户非常少，将它们放到最后，既不会打扰到效率优先的用户，又能够照顾到对此很关心的那一小部分用户。

这一小节中多次提到"效率"，由此可见，外卖菜单的关键要素就是"效率"。在制定菜单、修改菜单的过程中犹豫不决时，要优先考虑这个改动是否对"效率"起到提升作用，这样就容易做出决定了。

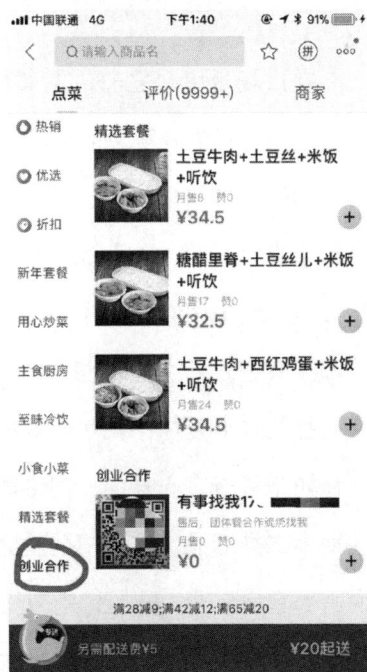

三、产品搭配思路

了解了菜品排列顺序的原则，在菜单上填上已经研发完成的产品系列，是不是就万事大吉了呢？其实还差一步——产品搭配。没有好的产品搭配，往往会发生这种情况：用户明明很喜欢商家的菜品，但就是怎么也搭配不出自己想要的一顿饭。所以，只有产品搭配好了，才能让用户在点餐的过程中轻松愉快、顺利达成交易。

我们从场景束缚与规格设计、配菜设计、小食/饮料、定价策略四个方面来讨论产品搭配。

（一）场景束缚与规格设计

在讲场景束缚之前，先来看一下西贝莜面村的外卖菜品销量榜。

通过右图可以发现，西贝莜面村的堂食销量较大的菜品，如西贝功夫鱼、封缸肉炒土豆条、烤羊排等都没有进入外卖热销榜，上榜的反而都是线下餐厅中销量不好的菜品，如张爷爷空心挂面、肉夹馍等主食小吃类产品。这个情况就充分说明了堂食与外卖的场景割裂。

传统餐厅和外卖店的最大差

异就在于两者的用餐场景大不相同。传统餐厅通常为社交场景和休闲场景。这些餐厅的定义一般是：与自己想交流的人在一起，通过吃饭的形式共度一段美好的时光。既然是"共度"，那么传统餐厅的菜品规格当然要够两个以上的用户享用。外卖店的场景就完全不同，对外卖店的定义一般是：尽可能方便、快捷地满足用户的用餐需求。外卖的场景通常都是单人场景，就算是多人一起用餐，因为用餐场地（通常不是餐厅）的限制，大家也都是各吃各的。

如果把传统餐厅的菜品规格原封不动地搬到外卖菜单上，往往会造成食物浪费。即使用户十分喜爱该餐厅的菜品，也可能会因为性价比不高而放弃。

外卖场景被束缚在了单人用餐的场景里，在外卖菜品的规格设计上一定要注意：菜单上餐食的规格一定要以单人规格为主。可以参考吉野家、肯德基、麦当劳的餐品规格，切忌把西贝莜面村、眉州东坡、绿茶餐厅的菜品规格作为参考。

优粮生活的产品搭配基本上遵循 2 个小碗菜 +1 个盒饭的原则，这样既满足了单人规格，又可以满足顾客每餐吃到多种菜品的需求。

（二）配菜设计

把配菜设计单独拿出来讲，是因为很多人会把配菜当作可有可无的东西。比如，有很多外卖品牌，主菜产品质量非常好，在制作上也相当用心，但是配菜往往敷衍了事，仅用几片开水烫过的寡淡无味的蔬菜来充当配菜。

很多外卖商家认为用户是冲着主菜来点餐的，不会在意这几片蔬菜，甚至大部分用户根本就不会吃配菜。

这个想法放在十年前可能还行得通，现在，用户越来越重视餐食的品质和营养，无论是主菜还是配菜，可以没有，可以提价，但是不能出现敷衍了事的菜品，这会拉低品牌形象和价值，甚至影响辛辛苦苦研发的主菜产品。一定要像研究主菜一样去下工夫研究配菜，将配菜也做出价值感。

以下是目前行之有效的两种配菜的方案，供大家参考。

1. 升级配菜

如果把一般品牌常用的油菜、苘麦菜等配菜升级成炸鸡块＋西兰花的配置，会带来翻倍的订单。这一改进已经得到了市场验证，效果奇佳。

配菜不再是嚼之无味、弃之可惜的鸡肋产品，而真正地变成了营养均衡、口味俱佳的搭配。这种搭配会带给用户超乎预期的体验。我们已在前文中讲过，外卖产品需要非常丰富的品种且更新换代的频率很快，所以单个主菜很难给顾客留下深刻的印象。如果将配菜进行升级，配菜甚至有可能成为整个品牌的闪光点。

2. 取消配菜

说到取消配菜，我们先来研究一下为什么会有配菜：配菜出现的原因很简单，因为外卖的主餐产品很单一，需要用配菜来丰富营养和用餐体验。取消配菜是我们优粮生活采用的方法，因为我们是业界率先将一饭一菜模式改成小碗菜两菜一饭模式的品牌，用户每餐都可以选择两种以上有荤有素的菜品搭配。既然我们有主荤、半荤和全素的菜品供用户自由选择搭配，自然也就不用考虑配菜的问题了。

（三）小食／饮料

很多人会忽略小食和饮料。其实在外卖的利润结构中，小食和饮料占据着非常重要的地位。大家一定都吃过吉野家吧，在吉野家，通常大家会选择套餐，因为套餐比单点便宜。如果你只点一碗盖浇饭的话，单点的价格和套餐中的价格相比明显贵了很多，不划算。其实，套餐中的茶碗蒸、土豆泥以及可乐才是吉野家利润率最高的产品，所以如果你点了套餐，吉野家的利润反而会更高。每个进入吉野家的顾客就会面临"被明着赚单品的钱还是被暗着赚套餐的钱"的选择，换句话说，通过小食和饮料的策略，吉野家怎么都会赚到钱。

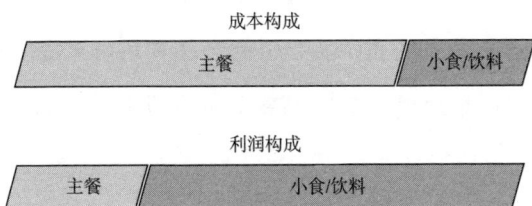

成本构成

| 主餐 | 小食/饮料 |

利润构成

| 主餐 | 小食/饮料 |

我们的小食和饮料的制定策略也应该学习这些品牌。首先，我们尽可能选择非标准化的小食和饮料。什么叫非标准化？自制炸鸡块、煮西兰花、自制果汁、豆浆等都是非标准化的；而诸如可口可乐等超市里能见到的零食都是标准化的。选择非标准化的小食和饮料是因为用户无法衡量它们的成本，所以你的定价权就比较高，可以从中留出很高的利润。而如果你选择可乐，那么所有用户都知道可乐的进货成本大概是多少，所以你卖贵了会让用户对你的全线产品的定价丧失信任感，你卖便宜了又会损失自己的利润。

例如，我好朋友的品牌"二十五块半"选择了炸鸡块、西兰花、椒香鸡腿、各种例汤等产品作为小食，而优粮生活的小食、饮料类产品有茶碗蒸、自制拍黄瓜、自制果汁等。这些产品比主餐的利润率要高得多，所以主餐拉流量，小食和饮料出利润，这个结构是很合理的。最后再提醒一句：不要卖可乐！

价格构成

| 主餐 | 小食/饮料 |

（四）定价策略

我们选好了做主菜、配菜、小食、饮料的产品之后，就要对它们进行搭配和定价了。前文讲过，定价策略主要包含这几部分：引流产品、招牌产品、利润产品。引流产品和招牌产品一般都出现在主菜中，配菜也是跟随主菜来提高用户体验满意度的，我们重点讲小食和饮料的定价策略。

很多人会认为小食和饮料既然是用来追求利润的，当然定价越高越好，这样的话卖一份赚一份，即使订单量少也不会亏，反正我们是靠主菜来支撑销量的。实际上，小食和饮料并不只是单纯用来提高利润的，而是要帮助提升主餐销量的。

一般来说，人们点外卖会有一些"适度享受"的心理，点完主餐，看到不贵的小食搭配，就会点上一两道来改善自己的就餐体验。但是"适度享受"并不是"专程追求享受"，当用户看到本来一顿饭的费用加上小食、饮料的价钱就变成了两顿饭的费用，一定会犹豫。成交机会稍纵即逝，有可能犹豫间用户直接流失，连其已经放进了购物车的饭菜都不点了。

我的经验是，小食和饮料以不超过整体订单价格的一半为合理，这样能够在保障有足够利润的同时，也对整体订单成交起到促进作用。

四、如何获取理想排名

讲完了 logo 设计、菜单排列和产品搭配，顾客进店后就不会空手而归了。想要让顾客进店，首先需要让顾客看见我们的店铺，因此在外卖线上运营方面，平台排名是非常重要的，甚至值得单独拿出一个章节来讲。

那么我们这一节就从排名的三个重要元素：单量、活动、好评率来讨论。

（一）单量

单量是决定排名的最重要的因素，至少以前和现在的平台规则是这样的。前7天的总营业额越高，排名权重就越高。虽然这个指标的精确定义指的是总营业额，但是由于外卖的客单价谁也没法做到太高，所以基本上总营业额就等同于总单量。

那么说到追求单量，很多人立刻想到了"竞价推广""打折让利"等在促销冲单量时期经常使用的手段，但实际上使用这些手段的成本非常高，往往得不偿失。所以，我们谈到追求单量的时候，首先要对自己提出一个问题：我的产品具备做高单量的条件吗？

一个小众的餐饮，比如地方特色菜、西餐、日料、小吃类，在外卖这种以刚需餐饮为主的市场里，无论如何也无法与家常菜品类和低价单品来拼。你会发现，外卖平台上单量高的店基本是：黄焖鸡米饭、排骨饭、米饭炒菜、麻辣烫等。前两类菜品是因为其实在便宜，口味又很适合大多数人，就成消费能力偏低人群的首选；后两类菜品是因为其属于中国人的日常主流餐饮形式，而且食材丰富多样，符合大众对营养均衡和多样化选择的要求，所以白领、中产家庭更喜欢这样的品类，相应利润也会比低价单品要高很多。

在使用任何提高单量的手段之前，先检查一下自己的品类，有问题要及时调整，否则追求单量之路就会是个无底洞，并产生无数的成本浪费。

另外，即使你是比较"体面"的品牌，在追求单量方面，也不必排斥"流量套餐"。所谓流量套餐，就是选出一个成本相对较低，市场上平均价格又不算太低的品类，例如"西红柿炒鸡蛋""酸辣土豆丝"之类，直接把利润砍到零甚至自己再补贴一点点，成为价格低于市场同类产品很多的套餐，就会形成所谓"流量套餐"，会有大量的人群成为这个套餐的用户。这样一来，就可以做到在不拉低整体品牌品质，并且不造成损失的情况下，自然提升单量。

品类选好，再辅之以流量套餐，单量基本上就没什么问题了。

（二）活动

活动就是外卖品牌在平台上设置的满减、折扣、满赠等一系列促销手段，是决定排名的第二大因素。

我们首先讲讲活动力度。在2016年年初的时候，在北京，满20元减8元已经是很高的满减比例了，但是到了2018年年初，满25

元减 24 元的商家都已经见怪不怪了。

在满 20 元减 8 元的时代，减掉的金额就是商家实实在在的让利，但是在满 25 元减 24 元的时代，你会发现商家在价格和产品设置上有大量的策略，最后顾客也省不了多少钱。比如说，满 25 元减 24 元的商家，菜单上一定全都是套餐形式，并且注明小食、饮料单点不配送。套餐原价虚高到 40 左右，餐盒费 2~5 元不等，最后顾客就会发现无论如何都要花十七八元钱吃一顿饭。

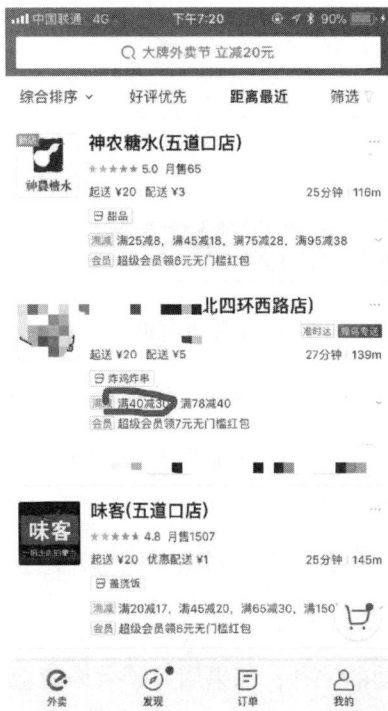

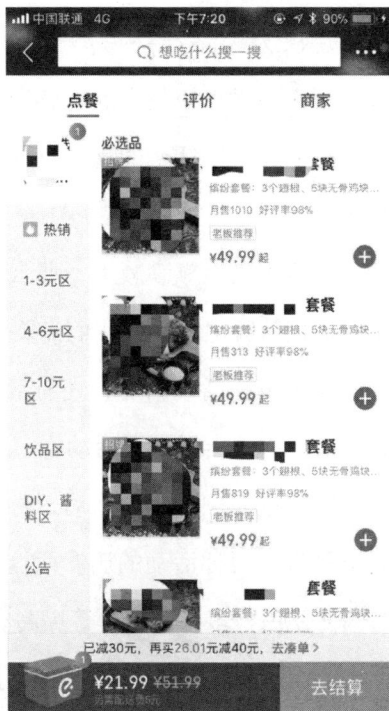

如果这时候客户弃单选择其他商家就太浪费自己的时间了，况且花十七八元钱吃一顿也勉强划算，于是就下单了。

这就是满 25 元减 24 元商家的大量顾客点餐时的心路历程。

我之所以从来不推荐大家靠价格游戏去搞大额满减，是因为你确实可以收获单量，但是收获不了用户的尊重和信任，你的饭菜值十七八元，但你欺骗了顾客，品牌就一文不值了。

建议大家不要在满减上追求大额，关注点应放在品牌感和品质感上，再以适量的满减打动顾客。

既然不做大额满减了，那么排名加权从哪里来呢？我们需要注意，虽然营销活动占据一定权重，但活动不单指活动力度，还有活动种类。也就是说，种类越丰富越好。如果你的店里点开活动列表之后发现有满减、满赠、免配送费、开发票、进店领券、消费后返券等各种活动，在排名上的加权一定大于只有一两种活动的店。而这些活动并不会折损多少成本，还会起到促使用户多买、凑单等提高利润的行为。

值得一提的是，折扣菜也是活动的一种，如果用好了效果就会非常棒。例如，虽然我们不搞大额满减，因为大额满减损伤品牌价值，但我们可以在某段时间内把某样促销菜品的折扣定到很低，这样的话，其他的正价菜品可以支撑住我们的品牌形象，折扣菜品又会吸引顾客大量下单，两全其美。

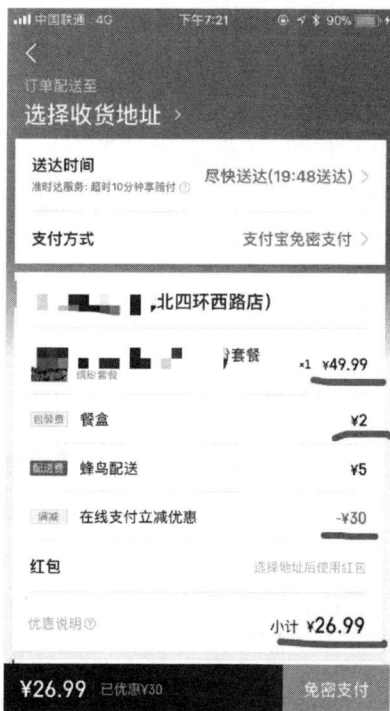

此外，折扣菜通常与满减活动是不同享的，这样我们设置不同种类不同功能的折扣菜，可以和超市复杂的促销活动一样，目的是削弱价格的主导功能，使用户对价格的敏感度降低，从而进一步提高自己的利润率。

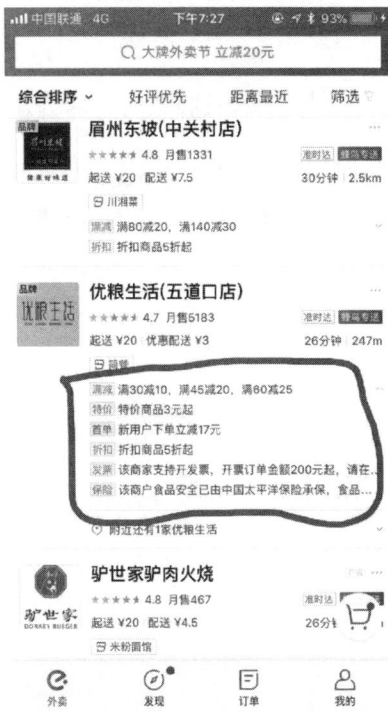

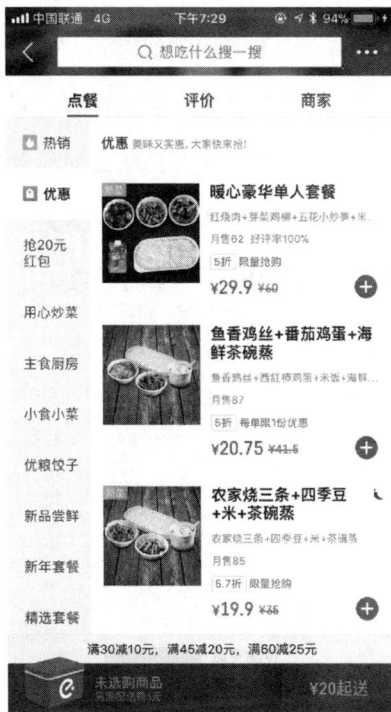

总体说来，把活动力度、活动种类、折扣菜把握好了，外卖店的排名就有一大半胜算了。

（三）好评率

在排名规则中，第三重要的是好评率，简而言之，好评率越高排名加权越高；差评集中出现时，店铺排名会明显降低。我曾经看

到过有的店铺对于评价无论好评还是差评一律不回复，甚至在差评下面和用户对骂，深深为他们感到惋惜，提高排名的大好机会就这样被无视了。

我们从防范和补救两个方面来讲顾客评价工作。

首先，最重要的当然是防范，我们需要把顾客的不满尽量"阻截"在用户发表评价之前。

用户的差评，很少是直接针对产品、口味以及服务的，因为用户既然选择了外卖，那么对于产品和口味就有了心理预期。用户一般给出差评是因为感到"不受重视"，也就是商家的态度让用户感觉到自己是个可有可无的角色，于是只好用评价这一武器来震慑商家，以期引起重视。

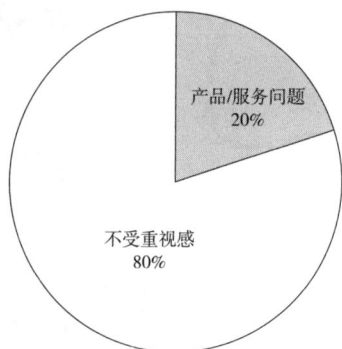

产品/服务问题 20%

不受重视感 80%

也就是说，在顾客对产品、口味以及服务有了不好的体验之后，在顾客提交差评之前，商家如果能够联系到顾客进行沟通补救，就可以提前防止 90% 以上的差评。这个就是防范措施。

一般来说，有一些对用户的伤害是商家可以预见的。例如配送延迟，在餐品送出去之后或者还没送出去之前，商家就已经能预知到此单会让顾客不满，那么这时为什么不抢先联系顾客赔礼道歉并与顾客商讨解决方案呢？这时候即使顾客把餐品退掉，所产生的损失也远远小于一条差评。所以对于可预见的用户不满，一定要提前联系用户解决。

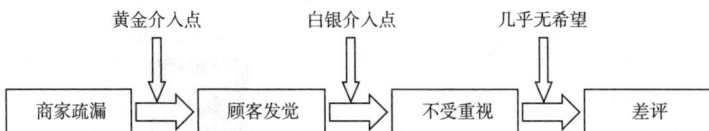

那么对于不可预见的不满呢？例如用户莫名其妙觉得不好吃，或者吃出了异物，或者送错了餐等，这里我们就需要提前给顾客做好提醒。以下几个例子都算是事前提醒。

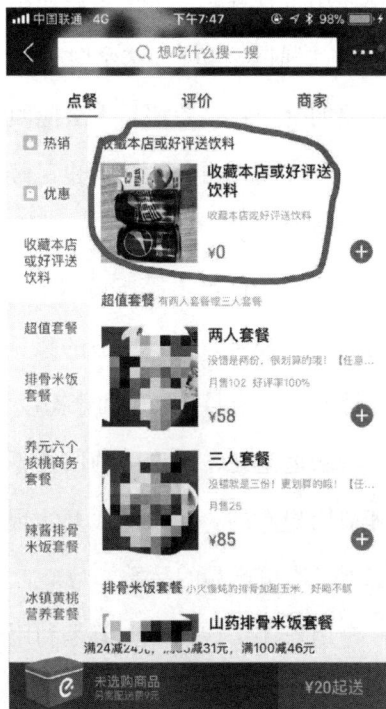

如果我们通过任何方式给用户传递了这样一个信息：我无意让你不满，但我非常在意你的感受并且愿意努力弥补。这样顾客在不满时就会有两个选择：给差评；联系商家处理。大部分顾客都是具有同理心的，基本都会选择第二种方式，这样差评又能预防掉一大部分。

下面我们谈补救措施。当你使用了各种防范手段之后还出现了"漏网之鱼"，这个时候首先要明确一点：差评是无法挽回的，这个用户再怎么防范也已经无济于事了，再怎么和他沟通也无法避免差评了。

但是，这绝不等于可以放任不管，因为评价区属于公共空间，所有用户都可以看到用户的意见以及商家的回复，这时需要把这条差评当成一个对外展示商家态度和品质的工具来使用。

永远记住，评论区的回复不是给评论的用户看的，而是给所有其他用户看的。商家的回复体现出来的对用户的关心，解决问题的态度，店里产品的品质，乃至店主的人格，都是对品牌的有力宣传。一个用户无法挽留了，但是利用这条损失为其他用户加强对本店的信任，一定划算。

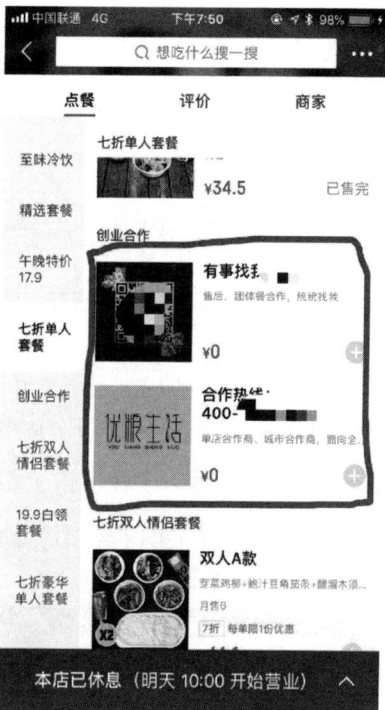

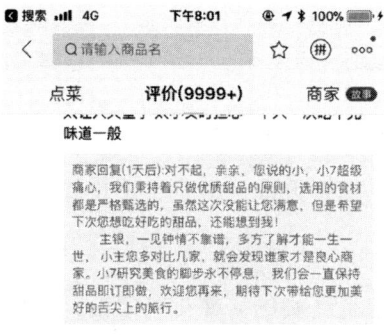

因此，在评论区的差评处理上，防范为主，补救为辅。百米赛跑中比的不是谁加速多，而是谁减速少。外卖也一样，评论区里比的不是谁好评多，而是谁差评少。坚持一套行之有效的评论维护策略，久而久之，商家就会在排名加权上脱颖而出。

五、线上转化的"三个率"

现在大部分商家早已经不通过发传单来宣传自己了，为什么要在之前的章节里长篇大论地讲线下推广的"三个率"呢？只是想告诉大家，不管环境怎么变化，方法论是不会变的。

在现在的互联网平台时代，线上的转化率同样可以拆解成三个因子：进店率、点餐率、支付率。

（一）进店率

进店率，其实和线下推广的接单率并无太大区别，用户要在各种外卖商家的界面中用几秒钟的时间挑一个顺眼的点击进去。此时，最重要的虽然是排名，但排名不一定是真实的。在排名之前，你的logo图以及活动内容对于进店率来说最重要。所以请问喜欢用菜品照片做logo图的老板们，用户在几秒钟时间内，会去研究你的图里是什么菜吗？所以logo图需要符合目标用户审美，又能够把关于品牌的特点直观表达出来。因为之前已经讲过logo设计的方法论，所以这里就不再赘述了。

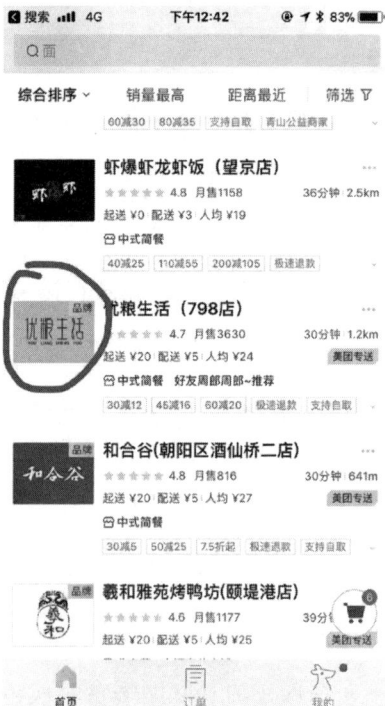

各项活动的设置也与 logo 是一样的，logo 不是越美越好，而是越符合目标受众的审美越好。满减活动也不是越大越好，而是越符合目标受众的判断习惯越好。满 23 元减 22 元的那种外卖品牌越来越多，不过对品质要求高的人已经不太敢点了。

所以，影响进店率的决定因素是 logo 和各项活动，对此绝不可马虎。

（二）点餐率

点餐率，从字面意思不难理解。我经常点进一家外卖店，看到菜单之后却没有点餐的欲望。点餐率的决定因素比较复杂，首先，你的产品图片风格需要统一，最好经过专业拍摄，要让用户看到菜单有食欲。那些随便在网上找菜品图片上传菜单的，你会发现他们的定位也比较低端，是主要靠打价格战成交的品牌。

其次，菜单排序的科学性也需要考虑。有的店菜单分类混乱，排序不符合用户浏览习惯，以致点餐的时候需要上下翻动并修改很多次，这种店无疑增加了用户的点餐成本，容易流失用户。这也是我之前专门用一个章节来分析菜单排列的原因。

最后，菜品的文案是加分项，如果你的文案风格能够做到符合目标用户的审美，对于提升点餐率是非常有帮助的。

（三）支付率

支付率，在平台时代，变成了新的临门一脚。试想，如果你很认真地把菜品点完了，发现原本估计在 30 元钱的价格被商家"动手脚"变成了 35 元，这时候你不但可能取消下单，并且会对商家的品格产生怀疑，从此就跟这个商家说拜拜了。

所以，支付率的核心是管理用户预期，使用户的消费预期与实际支付结果相吻合，才能够确保订单顺利完成。当然，如果在价格上给用户以小小的惊喜（如下图展示的店家满减活动），也会为你的店加分。

进店率、点餐率、支付率是平台时代影响转化率的新的三个关

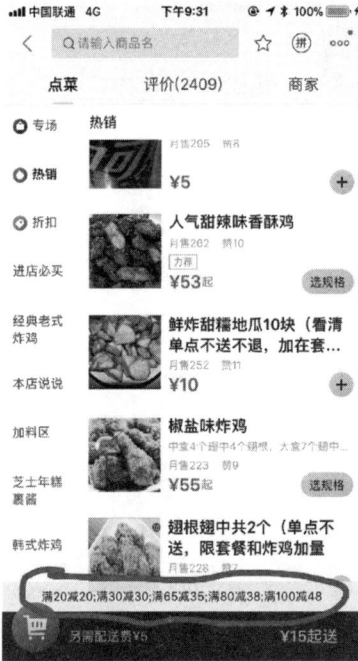

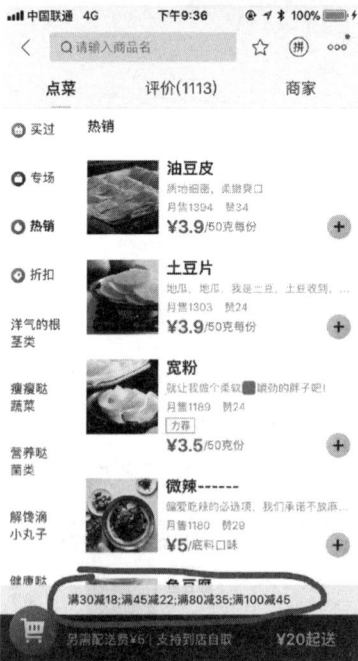

键元素，如果分别进行有效的提升，一样可以大幅提升转化率。

外卖虽然是近几年才火起来的行业，但是，在没有外卖平台的时候，餐饮的各个业务环节也一个不缺。在平台时代几乎没有新问题，都是老问题的延续。需要具体问题具体分析，更需要有一套强悍的分析方法。

本部分讲的拆解指标方法论是外卖时代的必备技能，因为与不可数据化、偶然性因素极高的堂食生意，外卖是个全盘信息化的行业，我们的各项指标很容易找到数据作为参考和支撑，这可以帮助我们更好地精进业务。

第八章

终　章

经过了前几章知识风暴的洗礼，我相信你虽然辛苦疲惫，但肯定收获了一套完整的外卖知识体系。现在继续你的外卖创业之路，心里一定更有底气了吧？

那么我也要非常不舍地和你说再见了，告别之前，我们再回顾一下本书我们一起学到的内容吧。

一、知识回顾

在"终局思维看外卖"章节中学习了外卖增长的逻辑，以及如何用终局思维去看待和预判这个行业，使你对外卖行业有一个清晰的认知。

在"事业目标与实现路径"章节中学习了创业赌桌理论以及选择外卖作为最优创业起点的逻辑，明白了最大化创业成功的方法。

在"万事始于'定位'"章节中从人群、产品、选址三个维度详细学习了定位理论及其验证方法，使你能够做到"先胜而后战"。

在四个体系构建章节中，系统化地学习了如何打造产品、品牌、线下运营及线上运营四大体系，使你能够为你的外卖品牌打造强悍的竞争力。

在流量专题中分析了影响流量的决定因素、主动获取流量的方

法以及留存流量的方法，这些都可使你在这个外卖平台争霸的时代更好地生存。

在连锁专题中从成本结构、标准、数据、供应链几个方面解析外卖连锁体系的打造，使你能够从初创期开始就为未来的连锁发展铺就道路。

在以上章节学习完毕之后，相信你可以在外卖战场上打有准备之仗了。

二、关于道、法、术、器、用的思考

近几年我在有关外卖行业的讲学过程中，经常遇到学员提出的很多涉及具体策略的问题，这些我虽然能够回答，但这就如同那首著名的歌中唱到的"我们不一样，每个人都有自己的境遇"。在外卖店的经营过程中，具体策略是因人而异的。如果在通用型的图书中讲解过多具体策略，那么这就不是适用于每个人的方法论了，甚至有可能带偏一些学员，使他们矫枉过正，反而会对他们的业务产生负面影响。我希望每位学员在经营外卖店的实践过程中能发展出一套最适合自己的策略。

任何行业的知识，都分为"道、法、术、器、用"五个层面。的确，现在有很多外卖培训类的课程上来就直接讲具体策略，毕竟"术、器、用"层面的知识看起来是最有效、能马上产生价值的，但是我认为，对"道"和"法"层面的知识进行深度理解并做到举一反三，可以帮助我们建立适合自己的策略体系，对抗不断变化的市场环境产生的影响，做到长久经营。

所以，本书侧重于讲解"道"和"法"层面的理论体系，以期使你真正成为在外卖行业拥有生存能力的从业者。

三、对行业的期待以及对你的期待

对于外卖行业而言，现阶段可以说是大机遇，尤其是在现如今全球经济下行的时期，会有越来越多的人才和资源进入衣食住行等生活服务行业中。我们作为外卖行业的先行者，只要保持住在这个行业中的相对领先位置，就一定能"吃"到市场红利。

对于已经读完本书的你，我可以肯定地说，你已经跑赢了90%的行业从业者，非常期待我们能够在餐饮外卖领域相遇，最后祝大家在这个飞速发展的行业中诸事顺遂，乘风破浪。